IL MEMORABILE

ASSEDIO DI MALTA

DEL 1565

STORIA IN COMPENDIO

DESUNTA DAI PIU' ACCREDITATI CONTEMPORANEI

E CORREDATA DI ANNOTAZIONI

per

Ferdinando Giglio.

MALTA,
1853.

In the interest of creating a more extensive selection of rare historical book reprints, we have chosen to reproduce this title even though it may possibly have occasional imperfections such as missing and blurred pages, missing text, poor pictures, markings, dark backgrounds and other reproduction issues beyond our control. Because this work is culturally important, we have made it available as a part of our commitment to protecting, preserving and promoting the world's literature. Thank you for your understanding.

Fr. Giovanni Parisot La Valette

XLIX . G . M

Amati Compatriotti.

Nell' avventurarmi di porgere alla vostra savia e benigna critica l' umile lavoro che ho l' onore di dedicare a voi carissimi, oso nudrire dolce speranza che non mi vogliate niegare del tutto un generoso compatimento.

Il motivo che mi ha indotto ad intraprenderlo, è stato un vivo desiderio di sopperire all' assenza di alcuna opera che trattasse in succinto di questo augusto soggetto, il quale per mala ventura si rinviene sparso ed ascoso tra vari antichi grossi volumi, d' incomodo e disagio a qualunque paziente lettore.

Argomento n' è il Memorabile Assedio posto dai Turchi in questa Isola nel 1565;—eroica materia, desunta da contemporanei ed accreditati autori, e precipuamente dall' opera esimia di Jacomo Bosio, intitolata: Storia della Sacra ed Illustrissima Milizia Gerosolimitana.

E perchè al suo possibile perfezionamento nulla forse mancare potesse, mi sono, in modo particolare, studiato di emendare le anomalie ed i difetti che di mano a mano ho dovuto incontrare; e non ho omesso quindi di risecare quelle tediose superfluità e lungherie, male intese nell'epoca in cui si vive.

Lusingandomi che non le vogliate avere discare, mi sono accinto ad apporre alcune annotazioni, le quali possono talvolta essere stimate adatte a dilucidare alcuni fatti che ho impresi a narrare.

Prima di conchiudere mi è di assai caro valermi di questa propizia occorrenza, onde tributare vivi ringraziamenti a quei Dotti Signori, i quali coi loro lumi mi hanno agevolato l'assunta impresa; assicurandoli, nello stesso tempo, che sarò a serbarne grata ed indelebile memoria.

E reiterando calda preghiera che vogliate essere benigni ed indulgenti verso chi vi ricorda un fatto che tanto vi onora,

Mi professo,

con sincera stima,

vostro affezionatissimo,

FERD. GIGLIO.

DI MALTA,...............1853.

non solo già per le importune instigazioni delle sultane e degli eunuchi, ma eziandio per essere stata con istanza sollecitata dallo Sceriffo Re di Fez e di Marocco; da Assan Bascià Re d'Algieri; e da Dragut Bascià Re di Tripoli. Anzi Solimano veniva vieppiù spronato a quella spedizione, stanti le continue molestie ed i danni che dalla Religione Gerosolimitana andava ricevendo; non che per le forti lagnanze ed istigazioni degli schiavi; ed allo stesso oggetto veniva infine urtato dal Muftì, (Sommo Sacerdote della legge turchesca). Dragut in particolare, temendo d'essere di bel nuovo assalito, e da Tripoli e dalle Gerbe discacciato, aveva in quell'inverno spedito alla Porta Alì Rais, capitano di otto vascelli, uomo di grande giudizio, ed intimo amico suo. Al costui giugnere colà, Solimano il Gran Sultano volendo conoscere l'oggetto della venuta di lui, fugli da Alì Bascià, Primo Visir, capo del consiglio, ed amministratore dell'Impero Turchesco, condotto d'avanti. Il cennato Alì Rais umiliò al trono di Solimano uno scritto (da loro appellato *Arso*) in cui veniva espresso che l'armata cattolica si fosse rifatta e rinvigorita, e sì fattamente, che, non era guari, avesse preso il Pignone (1), e la città di Velez della Gomera, piazza molto importante, ed atta ad aprire un varco all'acquisto di tutta la Barberia. Temevasi quindi che i Cristiani fra breve

---

(1) Il Pignone è una fortezza, giacente sul mare sopra uno scoglio in lontananza di sette cento passi dalla città di Velez della Gomera; questa è città d'Affrica, sulla costa del Mediterraneo a 4 l. S. da Malaga ed a 45 l. NE. da Fez.

Capitolo I.

avrebbero del tutto espulso i Turchi, datocchè (come diceva pure lo scritto) a ciò prontamente non s'apponesse un rimedio. Dragut aveva pure scritto a Pialì Bascià, Capo dell'armata, esortandolo, perchè non si lasciasse imporre ad accettare altra impresa se non quella della Goletta (1), rammemorandolo di quanto discorso assieme avevano, e facendogli infine sentire che Malta non si poteva conquistare se non che per guerra temeraria e disperata.

Avvenne che il giorno 8 di febbrajo, il Generale F. Pierre de Gioù approdasse a questa isola con cinque galere: circostanza che produsse molta allegrezza a tutto il Convento, e ad un esteso concorso di popolo desioso di rivedere quelle galere che da otto mesi erano state assenti. Tale viaggio veniva reputato il più lungo e segnalato, ritornando desse in più modi vittoriose: per avere cioè preso il galeone del Capitan Agà, e la galera Pisana, ed espugnato la fortezza del Pignone; talchè in porto entrando, ed i trofei di queste vittorie rimurchiando, venivano salutate con una lunga salva di artiglieria.

E posciacchè quattro capitani delle galere sopra dette avevano compiuto il termine del loro Capitanato, il Gran Maestro, previa l'approvazione del Consiglio, conferì il comando della galera *S. Gabriello*, a Fra Don Francesco de Sanoguera in vece di Fra Gil D'Andrada; della

---

(1) Goletta è il nome apposto al canale che comunica il picciol lago del Bocal col Mediterraneo, presso ed all'est di Tunesi di cui forma il porto. Sulla riva settentrionale sta il forte della Goletta, ed a qualche distanza dalla ripa meridionale se ne trova un altro appellato il piccol forte della Goletta.

galera *S. Giovanni* a Fra Francesco Guiral in luogo di F. Olivier d'Aux; di *S. Giacomo* a Fra Giovanni di La Valette soprannomato Cornisson, nipote del Gran Maestro, in vece di F. Antonio Flotta; e quello infine della *Corona* a Don Carlo Ruffo in luogo di F. Girolamo Zaportella.

Gli equipaggi di tali galere furono fatti a lavorare incontanente attorno alle fortificazioni, e segnatamente alla cignatura delle mura della Senglea, nella quale opera era uopo che s'adoprasse ogni diligenza e sforzo possibile.

Come tali cose succedevano, furono spedite le citazioni generali, richiamando tutti i Cavalieri assenti, perchè accorressero alla difesa della Religione e del loro Convento.

Il 28 di marzo, Fra Guglielmo Couppier venne dal Gran Maestro creato Capitano Generale della Campagna di tutta la Cavalleria e Fanteria con somma autorità sopra i Cavalieri.

Nel giorno di lunedì, 9 d'aprile, giunse a Malta Don Garcia di Toledo, Vice Re di Sicilia, con ventisette galere, il quale, tenuto avendo amichevole abboccamento col Gran Maestro sul proposito della guerra degli Infedeli, gli promise soccorso per tutto il mese di giugno; e desideroso di vedere la Goletta, l'indomani si mosse a quella volta in un alle sue Galere, ed avendola provveduta di buon presidio, se ne tornò alla Sicilia.

Nel mattino del venerdì (18 di maggio 1565), poco prima dello spuntare del sole, l'armata navale nemica fu chiaramente veduta intorno a quindici o venti miglia lontano da Malta veleggiare alla volta di Marsascirocco, nella quale direzione era stata scoperta. Il Commendatore F. Luigi Broglia, Governatore di S. Elmo, inalberando lo stendardo, fece scaricare tre tiri di seguito, e poco stante rispondendo il Commendatore F. Galceran Ros, Governatore di S. Angelo, si dava l'ordinato segno perchè tutta la gente dell'Isola venisse avvertita della comparsa della flotta nemica. Questa intanto, più che s'appressava all'isola, maggiormente andava spiegando la stupenda, ma terribile sua vista. Non s'era mai prima veduta una schiera d'armati legni più numerosa, e meglio ordinata.

All'udito rombo delle sopradette artiglierie di avviso, il Capitano d'armi della città Vecchia, Commendator Mesquita, corrispose con altre tre cannonate, come in quella lo stesso fece il Commendatore Torellas, Governatore del Gozo. L'allarme datosi di subito con fragoroso strepito di tamburi e trombe, tutto il popolo in grande movimento e commozione levossi. Allarmato da tanto pericolo: chi accorreva a preparare l'arme; chi s'affaticava assestando il cavallo; altri correva a mettersi in sicuro; chi le biade in parte mietute, a ridurle entro le fortezze molta fretta si dava; ed altri infine colmo d'orrore e di spavento, senza sapere ove mettere il piede, di quà e di là a zonzo andava.

Frattanto i Cavalieri, i Soldati, ed i Maltesi più atti ed avvezzi alle armi, spinti da animoso ardire, esibivano segni manifesti d'intensa allegrezza alla bella occasione che loro si presentava a venire cogli Infedeli alle mani.

Il magnanimo La Valette non si mostrava minimamente alterato o turbato, anzi, con intrepida e placida sicurezza d'animo, con un sembiante tutto sereno, e con un regale aspetto, a ciascuno rispondeva liberamente, facendo intanto raunare il Consiglio, perchè tosto si provvedesse a quanto fosse stato mestieri (1).

Nel frattempo un tale Camillo Rosso, il quale venne quindi nominato Protomedico, fu inviato per ordine del Gran Maestro alla campagna, perchè senza indugio alcuno procurasse di avvelenare tutte le acque; il chè, per

(1) Il consiglio del Gran Maestro era composto dei seguenti venerandi membri: — Il vescovo di Malta Fra Domenico Cubelles, Aragonese; il priore della chiesa Frate Antonio Cressino, Rodiotto; il maresciallo Fra Guglielmo Couppier, di Alvergna; l'ammiraglio Fra Pietro di Monte, Toscano; il priore di S. Gilio Fra Luis du Pont, Provensale; il priore di Capua Fra Filippo Pilli, Fiorentino; il balio di Negroponte Fra Giovanni d'Eguaras, Aragonese; il balio dell'Aquila Fra Pietro Felixes della Nuzza, Aragonese; il balio di Caspe Fra Luis Salzedo, Aragonese; il piliero della Lingua di Provenza, luogotenente del gran commendatore, Fra Giovanni de Montaigut; il piliero di Francia, luogotenente dell'ospitaliere, Fra Francesco de la Bonysiere, Francese; il piliero della Lingua d'Aragona Catalogna e Navarra, luogotenente del gran conservatore, Fra Matteo Ferrer, da Catalogna; il luogotenente del turcopiliere Fra Olivier Starquei, Inglese; il piliero della Lingua d'Alemagna, luogotenente del gran balio, Fra Corrado di Schulbach, Tedesco; il piliero della Lingua di Castiglia e Portogallo, luogotenente del gran cancelliere, Fra Luis de Paz; il luogotenente del tesoriere Fra Magdalon Grossy, Francese; ed il vice cancelliere Fra Martino Rojas de Portalruino, Castigliano (Tom. 2, Lib. 24, pag. 513, Bosio, Storia della Sacra Religione &c.).

I pilieri erano i capi delle differenti Nazioni che componevano la Religiosa Repubblica. *Vedi* Breve Particolare Istruzione del Sacro Ordine Militare degli Ospitalieri; *Cap. XII*, 42.

In ciascun Albergo resiedeva il Prefetto chiamato allora piliere al quale incombeva di provvedere di vitto i Cavalieri e Religiosi nazionali: ciascuno era poi distinto col titolo della dignità della Lingua a cui apparteneva. Ciantar, Lib. 1, Not. 1, p. 63.

Si avverta che tutti i nomi propri che si rinvengono nel corso di questa operetta, sono stati da me fedelmente trascritti tali quali li ho ricavati.

quanto si fosse in appresso inteso, cagionò gravi danni e finanche la morte ad un esteso numero di Barbari.

Il Comune Tesoro della Religione trovavasi infelicemente allora esausto, stanti le spese incorse per le imprese di Tripoli, e delle Gerbe. I soldati forestieri che erano stati condotti in questa isola, in sin da quattro anni prima, vi contribuirono non poco. Solimano frattanto con ogni astuzia facendo ognora traspirare dimostrazioni ostili, la Religione trovossi obbligata a profondere somme ingenti ad oggetto di provvedersi a buon tempo del necessario.

Fu mestieri sollevarla dalle deplorabili angustie sotto le quali gemeva. Si proponeva che il Generale Capitolo venisse celebrato. Tenuto consiglio sul soggetto, rilevossi che il rimedio che quello avesse talora potuto prestare, sarebbe stato infruttuosamente prolungato. Intanto l'assoluta necessità di fortificarsi, era un fatto considerato onninamente di urgenza somma. Fu quindi risoluto che il consiglio compito, imponesse la somma di trenta mila scudi sopra tutti i beni dell'Ordine. Emergeva ciò nonostante che in caso di bisogno, non si sarebbe potuto prevalere di questa imposizione sull'istante; talchè il Gran Maestro si rivolse ai Commendatori assenti, ed in Convento, esortando tutti, chè volessero anticipare all'uopo la rispettiva tangente. Molti di costoro non tralasciarono di soddisfare al domandato: anzi si prestarono generosamente a fare quei donativi che la rispettiva facoltà permetteva.

Assedio di Malta

E siccome questo sussidio non si stimava sufficiente onde potere incontrare le spese che gli assoldamenti importavano, furono i Luoghi di S. Giorgio messi in pegno per dodici mila scudi sborsati in Genova. L'Isola in questo mezzo veniva diligentemente provveduta della necessaria quantità di acqua che si faceva pigliare dalla Marsa; e poichè grave carestia allora soffrivasi per la medesima, il Gran Maestro si adoperò con ogni studio a vettovagliarla preventivamente.

Come la flotta nemica alla volta di Malta veleggiando s'appressava, la minuta plebe dei casali, e le donne di piccioli bambini cariche, a ridursi nelle fortezze molta fretta si davano, parendo loro che il Principe nel Borgo residenza facendo, quivi esser potesse la più sicura stanza (1).

Il Gran Maestro ciò veduto, e sembrandogli che quella piazza si fosse di troppo riempiendo, in guisa che prevedere si dovrebbe che in un assedio qualche contagio accendere si potesse, stimò savia cosa di ordinare che tutte le porte da quella della Lingua d'Aragona in poi, vale a dire della Burmola (2), chiuse venissero, istruendo

---

(1) La flotta nemica ammontava a cento e trentuna galera Reale, ed a sette galeotte, con sedici mila uomini a bordo, oltre a cinquantacinque altri legni tra grandi e piccoli. Fra i medesimi, vi erano: la nave di Mehemet Bascià, cioè a dire la Capitana, e le tre Galere Reali armate a cinque per remo, ed ornate superbissimamente: quella del Gran Turco, a ventisette banchi, ed a vele bianche e rosse, che era stata fatta a bella posta per la persona del Gran Signore, veniva comandata dal Rais più anziano; l'altra di Mostafà, che era a vent'otto banchi e con lo stendardo del generalato di Terra che Solimano di propria mano consegnato gli aveva, portava a bordo questo generale e due figli suoi; e l'altra infine di Piali Bascià aveva trenta banchi, e portava tre fanali, e lo stendardo di generale del Mare. Tutte e tre avevano la poppa a Mezza Luna, con lettere dorate &c. Vedi, Bosio Tom. 2, Lib. 24, pag. 512 B.

(2) La Burmola, in oggi Cospicua, ritrasse tale denominazione da Bir-Mula—Pozzo del Signore. Vedi Malta Illustrata Lib. 1, Not. 1, pag. 83.

nel medesimo tempo il commendatore Fra Gabriel Gort, di Catalogna, ad avere cura perchè quella gente fosse alla meglio adagiata, e compartita. Onde questi con diligenza eseguendo l'impostogli comando, si fe' a ricovrare molti di quella entro la Senglea (1) dove non meno del Borgo con grande carità albergati furono.

L'immensa flotta nemica intanto al Migiarro, e ad Hain-toffieha sulle ancore s'arrestò, mentrecchè il maresciallo (2) Fra Guglielmo Couppier non trascurava con le genti sue da piedi e da cavallo di tenersela a vista, spiando con tutta cura qualunque tentato suo andamento. E sembrando ch'ella avesse a fare qualche più lungo viaggio, senza traspirare movimento nè segno alcuno che fosse a sbarcare gente, quietamente se ne stette, ponendosele intanto il maresciallo a fronte coi suoi, sino all'imbrunire ed al chiudersi fin'anche della notte, quando, lasciato avendovi alcuni cavalli e guardie, perchè

(1) Claudio della Sangle, o pure la Sengle, successore di Jean d'Omédes ed antecessore di La Valette ebbe cura di provvedere l'isola di Malta di fortificazioni; fe' erigere in modo speciale un forte sulla così detta isola di S. Michele, ambi ritraendo il suo nome. Questo Gran Maestro arricchì il tesoro; armò a proprie spese tre galere; e lasciò all'Ordine tutta la sua fortuna ammontante a sessanta mila scudi. *Vedi* Monumens des Grands-Maitres de l'Ordre de Saint Jean de Jérusalem, &c., per il Visconte L. F. de Villeneuve-Bargemont: tomo secondo.
Si avverta che la città Senglea andava promiscuamente appellata, Isola, Isola della Senglea, ed Isola di S. Michele. L'Isola ritrasse il nome di S. Michele dappoichè le venne esteso dal Forte dello stesso nome che si aderge al retro, al quale fu imposto tale nome per essere stato di tutto compito, come si vuole, alla ricorrenza della festività di quel glorioso santo.

(2) Il Maresciallo era capo della veneranda Lingua d'Alvergna e della Milizia della Religione. Tali onori venivano conferiti ad otto Balì conventuali i quali presiedevano alla rispettiva Lingua con dovere assistere in consiglio al Gran Maestro. *Vedi* cap. XII pag. 42-43, Breve particolare istruzione del Sacro Ordine Militare degli Ospitalieri detto oggi di Malta &c. per un Cavaliere Professo della medesima Religione. *Vedi* Statuti della Sacra Religione di S. Giovanni Gerosolimitano, Jacomo Bosio, Tit. 10, Dell'origine de' Balì pag. 168-169.

osservando stessero ogni movimento, e di questo di mano a mano facessergli parola, con le schiere sue si ritirò a riposarsi entro le mura della città Notabile. I cittadini della quale avendo creduto che l'armata turca si fosse colà fermata per iscagliare il primo impeto contro di loro, deliberarono per mezzo di Don Antonio di Guevara, allora capitano della verga, e dei giurati Francesco Scerri, Gabriello di Noto, Giovanni Calavar ed Antonio Cassia d'indurre il governatore ed il capitano d'armi loro, fra Pietro Mesquita, a contentarsi che eglino potessero inviare un ambasciatore presso il Gran Maestro: e ciò convenuto e stabilito, spedirono in quella qualità Luca d'Armenia, Maltese, il quale a nome di tutti questa alternativa sottometteva, cioè: Che si desse ai cittadini licenza, sicchè la città abbandonando, ritirare nel Borgo si potessero, traslocandovi insieme le proprie robe: ovvero che si spedisse nella medesima città un buon presidio di soldati, e di altra gente pagata, provveduti tutti della necessaria quantità di munizioni da guerra. In questo ultimo caso i cittadini promettevano, d'un sol'animo, di fare il debito in difesa ed a prò della patria. Luca d'Armenia giunse ben a tempo che il Gran Maestro già riconoscendo stava i ruoli che gli Agozini Reali (1) recati gli avevano. Risultò che la somma

---

(1) L'Agozino Reale era un incarico di alta importanza: aveva la cura della esecuzione di tutte le cose necessarie attenenti alla guerra, con giurisdizione di emettere ordini bandi, ed editti, imponendo pene corporali e pecuniarie. Era pure investito del potere della esecuzione sino alla corda inclusivamente. *Vedi* Storia della Sacra Religione, per Bosio, Tom. 2, Lib. 19, pag. 397.

degli uomini atti alle armi non fosse nè più nè meno di 8,500 individui, fra cavalieri, (1) serventi d'arme, religiosi dell'Ordine, maltesi, soldati, marinari, e soldati forastieri che per l'occasione di quella guerra arruolati s'erano, e fatti venire per mezzo di Don Garcia di Toledo allora Vice Re di Sicilia; come il tutto trovasi qui appresso distinto:

Cavalieri, Serventi d'arme e Religiosi di tutte le Lingue, cinquecento in numero; soldati e marinari delle Galere, circa seicento, (eccetto le due Galere comandate dai capitani St. Aubin, e Cornisson, le quali si trovavano assenti); la gente del Galeone del capitano Fra Gaspare della Motta, cento ad un di presso; la compagnia degli uomini del Borgo sotto il governo, e le insegne de'due capitani Fra Vasino Malabalia, e Fra Louis de Sansenème detto Luserches, cinquecento o poco più, composta essendo di Greci seguaci, ed Ufficiali della Religione, Borghesi, e di altri forestieri; la compagnia denominata della Burmola, compresi gli uomini della Senglea, ed il rimanente de'marinari dei Vascelli Maltesi, sotto l'Insegna del capitano Fra Martino de Sese, Aragonese, arrivava intorno

---

(1) Triplice era la differenza de' Fratelli dell'Ordine: cavalieri, sacerdoti, e serventi. I sacerdoti venivano distinti in sacerdoti conventuali, ed in sacerdoti d' ubbidienza; ed i serventi, in serventi d' arme (cioè ricevuti in Convento), ed in serventi di Staggio ossiano di Ufficio. Il cavaliere era necessario che venisse ornato del cingolo della Milizia. *Vedi* Statuti della Sacra Religione di S. Giovanni di Gerusalemme per Iacomo Bosio, Titolo 2do, pag. 10. I Frati Cappellani ed i Serventi non erano obbligati di provare nobiltà di sangue come si esigeva dal Cavaliere; ma bensì di essere nati da padri dabbene ed onorati &c. *Vedi* la stessa Opera Tit. 2, pag. 83. I Fratelli dovevano essere esercitati tutti nelle armi, dandosi ai più meritevoli due premi ogni due mesi: l'uno per il giuoco della Balestra, e l'altro per quello dell'Archibuso. *Vedi* la stessa Opera Tit. 12, pag. 183.

a trecento uomini; Maltesi, cioè della città Vecchia e dei Casali abili a portare le armi, numeravano a circa quattro mila cinquecento e sessanta uomini, essendo sotto le Insegne de'seguenti capitani : Il capitano della Verga della città Notabile aveva gli uomini della su cennata città, del Rabato, e del Casale Zebbug, ed ammontavano a millecinquecento Fanti; il capitano della Parrocchia di Santa Caterina (1), Fra Federico Caccia Navarrese, sostituito indi per Fra Guy de Morges, detto La Motta Verdeye, di Alvergna, stantecchè si trovava allora stroppio d'un piede, aveva presso a cinquecento e sessanta uomini ; il capitano della Parrocchia di Bircarcara e del Curmi, Fra Bernardo Blanc sopranomato Vaillosin, circa sei cento ed ottanta uomini; il capitano della Parrocchia di Birmiftuh (2), Frat'Antonio Gillars detto Montmar, del Priorato d'Aquitania, cinquecento e sessanta uomini ; il capitano della Parrocchia del Zurrico, Fra Don Galceran Peguera, Catalano, uomini cinquecento e sessanta ; il capitano della Parrocchia del Naxaro, Fra Johan de Lugny, di Borgogna, cinquecento e novanta uomini, ed il capitano della Parrocchia del Siggieui, Fra Rodrigo Cortes, Aragonese, aveva cinquecento e settanta uomini.

Il commendatore dell'artiglieria Frat'Antonio de Thezan, detto Pogiol, sotto la sua Insegna di Santa

---

(1) Santa Caterina in oggi è il Casal Zeitun, allora era il capo casale di una delle otto parrocchie, dello stesso nome, in cui la campagna era distribuita.
(2) Birmiftuh era una delle otto parrocchie in cui l'Isola era allora distribuita, il capo casale della quale riteneva lo stesso nome.

Barbara, e sotto il Prodomo (1) dell'artiglieria, allora il Cavaliere Fra Giorgio Berzetto de'Signori di Buronzo, Piemontese, e sotto altri tre Cavalieri della Lingua di Provenza, coadjutori del Commendatore, (i quali erano Fra Bonifacio de Puget, detto Ciasteut ; Fra Claudio de Thezan detto Venasque; ed il Cavaliere d'Allon), aveva tra Bombardieri ed Ajutanti uomini cento e venti in circa. La compagnia de' Creati e Servitori del Gran Maestro, de'Balì e Cavalieri, sotto l'insegna del Capitano Fra Lorenzo de Beaulieu, detto Jarmien, sotto maestro di casa di La Valette, era d'uomini cento e cinquanta. La Compagnia del capitano Miranda, comandata in sua assenza dall'Alfiere Gonzalo di Medrano, era di soldati spagnuoli ed in numero di dugento. La compagnia degli Spagnuoli del Capitano Giovanni della Cerda era di uomini dugento pure.

Il Colonnello Mas conduceva uomini quattrocento. Il Capitano Asdrubale de'Medici aveva dugento uomini (2). Le Galere in più viaggi assoldate avevano circa dugento e cinquanta uomini, cento de'quali furono mandati in presidio del castello del Gozo, mentrecchè gli altri cento e cinquanta rimasero sotto il carico del Cavaliere Fra

---

(1) Prodomo, era ufficio di molta confidenza e di grave importanza, stabilito per l'oggetto di assistere in tutto ciò che concerneva l'interesse della Religione, e dei particolari ancora; desso era investito dell'autorità di approvare e disapprovare qualunque cosa relativa alla sua incombenza. Dei Prodomi, Cap. XVII, pag. 55, Breve particolare istruzione del Sacro Ordine Militare degli Ospitalieri detto oggi di Malta, per un Cavaliere Professo della medesima Religione.

(2) Questa compagnia fu qui condotta da Napoli per mezzo del Cap. Gil d'Andrada, venendo assoldata a spese del commendatore Frate Asdrubale dei Medici, e giunse qui il 13 di maggio. Vedi Bosio, Tom. 2, Lib. 24, pag. 511 B.

Giovanni Vagnone, Piemontese. Il Capitano Andrea Magnasco, detto il Fantone, n'aveva condotti da Messina circa cento e cinquanta. L'equipaggio della nave genovese del capitano Girolamo Villavecchia era composto di circa sessanta uomini. La compagnia de' Siciliani, sotto la condotta del Dottore Cola di Naro, si componeva di uomini due cento e quindici; la maggiore parte della quale comprendeva Banditti della Sicilia; oltre poi cento e cinquanta uomini stanziati a St. Elmo (1), ed a St. Angelo. Il numero dell'Esercito Nemico poi era di trenta otto mila e trecento uomini, senza connumerare la Forza Navale, che sarebbe stato di assai più considerevole se pur si contassero i soccorsi avuti in appresso.

Dopo che il Gran Maestro riveduto ebbe la somma della Forza che i Ruoli esibivano, ed essendo già la mezza notte scoccata, ammise in udienza Luca d'Armenia, Ambasciatore della città Notabile, come detto si è di sopra. Inteso che l'ebbe, e tocco della lealtà, e del valore che dai Maltesi attendeva, a bocca dolce lo accommiatò, raccomandandogli intanto di esortarli perchè stessero di buon'animo; e persuaso che sarebbero a farsi onore,

---

(1) Giovedì, il 14 di gennaro 1552, venne dato principio alla erezione del Forte St. Elmo, e nello stesso tempo s'innalzava il Forte S. Michele sul monte del Mulino, ossia di S. Giuliano, giacente posteriormente alla Senglea. Storia della Sacra Relig. V. 2, Lib. 16, pag. 324.

Il Forte St Angelo fu, giusta l'avviso di Luigi del Marmol, fabbricato dai Saracini nell'anno 828, occupando eglino allora questa Isola. D'altronde per la Cronaca Arabica Cantabrigense appare, che Malta venisse soggiogata dai Saracini nel mese di agosto del 870. Anticamente la nobile famiglia maltese Nava, lo possedeva per diritto ereditario, concedutole dal Re Cattolico, in vista della sua grande fedeltà. *Vedi* Malta Illustrata, Lib. 1, Not. 1, pag. 87. Il castello S. Angelo sotto il Magistero di Giovanni d'Omédes, Aragonese, venne fortificato vieppiù per la sicurezza del Borgo.

Capitolo I. 19

gli significò che non avrebbe mai mancato di provvederli di soldati e di tutto il necessario. Difatti nel seguente giorno, che fu sabato, ricorrendo il diciannove di maggio, spedì in loro soccorso il Capitano Fra Giovanni Vagnone già sopra cennato, con la sua compagnia; ed i Capitani de'Casali di Santa Caterina, di Bircarcara, e del Zurrico con le rispettive compagnie, fornite delle necessarie munizioni da guerra. Il Gran Maestro aveva pure istruito il Capitano Fra Melchiorre d'Eguaras di ritirarsi con tutta la Cavalleria nella città Notabile, pel solo evento che i Nemici assediato avessero il Borgo, la Senglea, o St. Elmo, onde potere in tale caso travagliare l'inimico dalle spalle (1).

I cittadini frattanto contentissimi rimasero, e giurarono che avrebbero fatto il loro dovere, e che si sarebbero condotti con tutto zelo e fedeltà.

Il Grande la Valette in questo medesimo giorno, seguito dai Signori del Consiglio, dagli Agozini Reali, e dagli Ingegneri, la mattina, di buon'ora, si recò a visitare tutto il circuito delle mura del Borgo, facendo sull'istante ristaurare e fortificare quei luoghi che sembravano averne

---

(1) La Cavalleria era di tre cento uomini circa. (Storia di Malta et successo della guerra seguita tra quei Religiosissimi cavalieri et il potentissimo Gran Turcho Sulthan Solimano. Di Pietro Gentile, 1565).

Dalla medesima Storia si rileva che la somma della forza, fosse stata come siegue: mille e trecento soldati; mille Spagnuoli, Francesi, e Tedeschi, e trecento Napolitani; mille soldati delle Galere della Religione; cinquecento circa uomini dentro il Borgo, e da cinque a sei mila Maltesi ritirati dai casali, (ognuno di costoro tirava bene all'archibuso) e infine cinquecento Cavalieri senza contare i Preti.

Si avverta che una copia della cennata Storia, che è compresa in un piccolo volume, si trova esistere nella Biblioteca Pubblica di Malta.

di bisogno, distribuendo ed assegnando egli stesso i posti di difesa a ciascuna Lingua, e non tralasciando pur di provvedere, quanto era possibile, il circuito dei bastioni di Difensori e Sentinelle, perchè, senza confusione, ciascuno sapesse fare quel tanto, che il dovere di fedeltà, ed il sentimento di lealtà fossero ad imporgli. La parte posteriore del Borgo che guarda verso terra, e quindi verso Santa Margherita allora Colle, punto riputato il più pericoloso, allorquando quello cinto veniva di muraglioni, fu quasi tutta presa a difendere dalle tre Lingue, Provenza, Alvergna, e Francia. Provenza la più preminente, tolse a difendere il posto di mezzo, ed alla sommità di tale lato posteriore, fu eretto un Baluardo, divenuto in seguito e sotto il Magistero stesso di La Valette molto grande e formidabile, provveduto essendo di buoni fianchi, e soprastandovi nel suo centro un Cavaliero che comandava la campagna di fronte. A canto del suo fianco sinistro era la porta principale del Borgo la quale in seguito Porta di Provenza fu appellata. A traverso d'un fosso fabbricata fu una Casamatta della capacità di quaranta archibusieri, e di tre pezzi d'artiglieria, per l'opportuna difesa della bocca, e del fondo del fosso che verso la Senglea guardava. In tali Baluardo, Cavaliero, e Casamatta, si collocarono in guardia i Cavalieri ed i Serventi d'arme della stessa Lingua di Provenza, sotto il comando del loro capo il Luogotenente del Gran Commendatore, F. Jean de Montaigut sopranominato Formigieres, trovandosi allora quegli assente (1). Sulla sopradetta fronte alla campagna, Alvergna prese pur'anche il posto suo da difendere essendo discosto da quello di Provenza in cinquanta canne circa, dove allora s'eresse un altro Baluardo che di mano in mano riusciva parimente gagliardo, provveduto di una grande Casamatta, consimile e forse maggiore a quella di Provenza. In quest'ultimo Baluardo, ed in questa sua Casamatta, ed in una prossima Cortina, rimase sulle guardie la Lingua d'Alvergna della quale era capo lo stesso Maresciallo F. Guglielmo Couppier che in campagna tutt'allora coll'esercito trovavasi. La Lingua di Francia si mise a difendere il rimanente della Cortina che s'estendeva in dugento canne sino alla Porta della Burmola che era il termine di tutta la fronte. Avvenne che tale Porta fra questa ultima Lingua, e quelle d'Aragona, Catalogna, e Navarra, venisse messa in questione di dritto di appartenenza, ma fu dichiarata essere dovuta ai Cavalieri Spagnuoli ai quali quindi venne rilasciata. L'Ospitaliero (2) essendo allora assente, ne prese le veci il Luogotenente suo, Francesco de la Beissière Caruan, e quindi sotto il comando di costui, i Cavalieri e Serventi d'arme di Francia si ridussero nella Cortina, nel Terrapieno, e nella Piattaforma, e così li tolsero a difendere. Il Forte S.

---

(1) Gran Commendatore era la dignità del Balio che presiedeva alla Lingua di Provenza: godeva diverse prerogative, ed aveva il dritto di riserbare cariche per i suoi Cavalieri, con preeminenza nel Tribunale del Comun Tesoro.
(2) Ospitaliero, era il titolo di dignità del Balio della Lingua di Francia.

Michele (1) tuttodì esistente sul retro della Senglea fu dato per posto da difendere alla Lingua d' Italia, che ottenne pure da guardare tutta la Senglea. L'Ammiraglio Fra Pietro di Monte (2), cugino di Papa Giulio III, e Castellano di S. Angelo di Roma, e poscia eletto Gran Maestro per i suoi meriti, in quel giorno stesso fu prescelto ad assumere il comando del sopradetto Forte. La Marina insieme colla Porta della Burmola, e la Piattaforma contigua all'istessa Porta, rimasero commesse alla difesa delle Lingue d'Aragona, Catalogna, e Navarra. del tutto, sotto il comando del Luogotenente del Gran Conservatore (3) Fra Matteo Ferrer, posciacchè il Gran Conservatore era allora assente. L'altro lato del Borgo che va opposto alla Collina così detta del Salvatore, ove in oggi giace lo Spedale Navale, così denominato di Bighi, era ripartito a difendere fra le Lingue d'Inghilterra, di Alemagna, e di Castiglia; ma quest'ultima, e quella di Portogallo, essendo assai più delle altre due numerose in Cavalieri, si stimava meglio affidare ad esse la parte più pericolosa che stendevasi dall'angolo e baluardo della Cortina d'Alvergna sino agli ultimi confini della

---

(1) Come il Forte S. Michele veniva nel giovedì, 14 gennaro del 1552, innalzato sul monte così detto del Mulino ossia di S. Giuliano sul retro della Senglea, il Gran Maestro Giovanni d'Omedes faceva fortificare il Castello S. Angelo per la debita sicurezza del Porto; ed infine erigere, come già cennato, il Forte S. Elmo; a ciò ei fu indotto, dietro che con magnanimo ardire aveva sostenuto l'Assedio posto alla Città Vecchia dall'Esercito di Solimano, rimasto sconfitto.
(2) Ammiraglio, titolo di dignità spettante alla Lingua d'Italia. Egli era che presiedeva agli armamenti marittimi.
(3) Gran Conservatore, titolo di dignità delle Lingue di Aragona Catalogna e Navarra.

Cavallerizza del Gran Maestro, la quale esisteva fuori del Borgo, ed era stata allora allora per ordine dello stesso La Valette diroccata con essere state le sue rovine rimosse entro quello, perchè in tale guisa servire non potessero di scala ai nemici. Questo sito, che comprendeva un tratto di cento canne, fu pure commesso in difesa a Castiglia e Portogallo, ma atteso che superato andava da due eminenze che opprimere ben lo potevano, sì dalla collina del Salvatore, la quale molto vicino stavagli a fronte, chè dall'altura della Calcara, che di canto pur quasi lo signoreggiava, furono costrutti due piccoli Baluardi ad angoli acuti, a Cortina nel mezzo, e provveduti di ottimi fianchi, riuscendo così questi a difendere la Cortina insieme cogli angoli suddetti. Al lato di uno di tali baluardetti fu aperta una Porta che tolse l'appellazione di Porta di Castiglia per la quale s'usciva alla Campagna. Queste ultime fortificazioni furono raccomandate alla guardia del Luogotenente del Gran Cancelliere, Fra Louis de Paz, il Grande Cancelliere (1) essendo allora da Malta lontano. Dopo il posto d'Alemagna seguiva quello di Castiglia, e veniva lo stesso affidato al comando del Luogotenente del Gran Balio, Fra Corrado di Schulbach, stante che il Gran Balio (2) non era in Convento. Appresso a questa distribuzione succedeva quella d'Inghilterra, che per non essere alcun altro

---

(1) Gran Cancelliere, titolo di dignità della Lingua di Castiglia Leon e Portogallo.
(2) Gran Balio, titolo di dignità della Lingua d'Alemagna a cui incombeva la visita delle Fortesse.

Cavaliere in Convento che Fra Oliver Starquey, Luogotenente di Turcopiliere (1) ne venne devoluto il comando a quello, per cui munito fu di alcuni soldati che a bella posta furongli assegnati. I Cavalieri di Alvergna non essendo tanto numerosi, il Gran Maestro ne supplì per Girolamo Villavecchia Capitano della cennata Nave Genovese, e la gente di costui, assegnandogli per posto di difesa quella parte della Cortina di questa Lingua che con il posto di Castiglia congiungeasi. Al sito dell' Infermeria furono messi su alcuni parapetti, e chiuse alcune porte che prendevano alla Marina, e di questi la difesa fu commessa agli Ufficiali della medesima Infermeria, e ad altri soldati spediti colà di proposito. Gli schiavi messi in catene, furono accoppiati, distribuiti in tutte le poste, e fatti quindi lavorare attorno alle fortificazioni. E siccome la posta delle fosse di grano, era volta alla bocca del Gran Porto, il Capitano Romegasso, ajutato della sua gente, la fortificò di parapetti e cannoniere; e piantatevi sopra le sue artiglierie, vietava, per poco che fosse stato mestieri, l'Armata Nemica di cacciarsi nel Porto. Sulla piattaforma a piè del Castello S. Angelo, in quella parte opposta allo sprone della Senglea, donde a quella andava allora appunto stesa una grossa catena, fatta qui da Venezia a bella posta

---

(1) Turcopiliere ritrasse tale nome da Turcopoli che come leggesi nella Storia delle Guerre dei Cristiani in Soriano erano Cavalli leggieri. *V.* Stat. della S. Relig. per Jacomo Bosio, Tit. XIX, p. 275.
Turcopiliere era posseduto dalla Lingua d'Inghilterra con dignità di Generale di Cavalleria.

venire, fu collocato Fra Francesco Guiral, Capitano della Galera *S. Giovanni*, con gli uomini suoi; ove per mezzo di nove pezzi di grossa artiglieria, a fiore d'acqua tirando, aveva da difendere quella catena, e l'ingresso di quel Porto, dentro il quale tutti i Vascelli e le Galere si trovavano ridotti.

L'Ammiraglio Fra Pietro di Monte fermò stanza in una casa sulla piazza dello stesso Forte di S. Michele, dove era Castellano e Governatore il Cavaliere Fra Giulio Cesare del Ponte, Piemontese, al quale veniva in quello stante confermato l'incarico dall'Ammiraglio medesimo, che innoltre lo provvide di qualche sussidio. A costui intanto, onde potere presidiare il gran circuito delle mura, furono somministrate alcune compagnie. Quella del Cavaliere Frate Asdrubale dei Medici, per essere allora malato, e poscia cessato di vivere, fu commessa al Cavaliere Frate Antonio Martelli, Fiorentino, il quale venne incaricato della difesa del fianco della Casamatta, e della Piattaforma che dal lato sinistro del Cavaliero di S. Michele era sporta in fuori. Dalla porta principale della Senglea fino alla Marina, fu deputato in guardia il Capitano Antonio de Gillars detto Montmar, il quale fu fatto più tardi quivi venire dalla Città Vecchia insieme colla sua compagnia composta di Maltesi. Un'altra Cortina della fronte contigua col lato destro del Forte S. Michele, munita di Piattaforma a quattro cannoni; ed un angolo poi fortificato di due soltanto, che verso la fronte di Corradino guardava, furono lasciati alla difesa di Fra Don Carlo Ruffo, Capitano della Galera *Corona*, il quale all'uopo conduceva una compagnia. Il Capitano Fra Martino de Sese a capo di una compagnia composta di abitanti della Burmola e della Senglea, difendeva un altro baluardo che nello spazio di cinquanta canne andava discosto dall'anzidetto fianco, e fronteggiava il Monte Corradino. Il Capitano Fra Cola di Naro, Siracusano, difendeva con i suoi una Muraglia che guardava in verso due Mulini a Vento esistenti allora presso la punta della Senglea. Dell'estremo di questa Città, conosciuto in oggi sotto la denominazione di Sprone, fu incaricato Fra Don Francesco de Sanoguera, di Valenza, il quale, mediante l'equipaggio della Galera *San Gabriello* di cui era Capitano, aveva da guardare un punto di somma importanza, per la difesa della Catena, e della bocca del Porto. Quivi allora si andava erigendo un Baluardo. A S. Elmo in vece del Governatore Broglia, vecchio decrepito, fu sostituito il Balio di Negroponte, Fra Giovanni di Eguaras, il quale venne colà spinto insieme con un distaccamento di quaranta Cavalieri, e colla compagnia Spagnuola del Capitano Giovanni della Cerda. Quivi poi fra altri Cavalieri trovavasi Fra Jacomo Parpaglia, Luogotenente dello stesso Broglia, con parecchi soldati e bombardieri.

CAPITOLO II.

VENNE dato che entrassero nel Borgo due uomini; uno dei quali era rinnegato Salernitano. Ei capitò in questa come spedito espressamente coll'Armata Turchesca dagli Agenti del Gran Maestro in Costantinopoli: desso ebbe a sbarcare tra i primi; ed era munito di lettere contrassegnate di proposito. L'altro era Nicolò da Cattaro, Messaggiere del Gran Maestro, e stipendiato per il medesimo oggetto. A costui, venne fatto giungere al Borgo nello stesso mattino. Ambi, benchè nulla l'uno dell'altro sapessero, nelle date relazioni furono ben bene conformi. Oltre al ragguaglio conferito al Gran Maestro, di quanto circa le forze ed i disegni dei Nemici sapere bramava, affermavano che la Flotta Turchesca si sarebbe positivamente arrestata all'impresa di questa Isola.

Nella notte precedente, il mare ebbe a calmarsi. Il Battaglione dell'armata sopradetta dal Migiarro e da Hain Toffieha non levossi (1). In appresso spiccarono alla furtiva trentacinque Galere della retroguardia solamente, le quali a Marsa Scirocco ed alla Cala di S. Tommaso si mossero, ove a più di tre mila Turchi riuscì agevole lo sbarco, numero che di mano a mano ingrossando andava. Tale notizia pervenuta essendo al Gran Maestro, e questi il pericolo considerato avendo, spedì il Commendatore Fra Giovanni de Acugna con ordine al Maresciallo, che lasciata la Cavalleria nella Città Notabile, se ne dovesse ritornare al Borgo con tutta l'Infanteria. A tale uopo il Generale delle Galere Fra Pietro de Gioù, con una squadriglia di Cavalleria, e con una schiera di Fanteria, marciò per trattenere i Turchi a bada, e prevenire che il passo non venisse chiuso al Maresciallo. Questi intanto aveva innanzi giorno fatto il Capitano Eguaras marciare colla Cavalleria, la quale ebbe ad imboscarsi in un giardino non molto dal Migiarro lontano, dove il corpo principale dell'Armata Nemica tuttavia sorto se ne stava, mentrecchè egli stesso con l'Infanteria si appostò sulla Collina della Torre di Falca (2), perchè ogni

---

(1) A scanso di equivoco s'intenda che parlo del Migiarro di Malta, esistente tra Hain Toffieha e Fom-Irrieh a poca lontananza dalla Gneina. Evvi Migiar el barrani (il caricatore), e Migiar el Geuieni (l'interiore). Vedi Descrizione di Malta del Commendatore Abela. Vedi anche Malta Illustrata; e facciasi riferenza alla Carta Topografica ingiunta a questa opera.
(2) Giace non molto discosta dalla Città Vecchia. Questa Torre ritrasse tale nome da una nobile famiglia Maltese in oggi estinta.—Malta Illustrata, Lib. 1, not. VII, p. 244.

movimento di quella scorto venire potesse. Frattanto dal punto dove se ne stava accampato, poteva in ogni frangente ricevere, e prestare soccorso alla Cavalleria del Capitano Eguaras. Grande era il desiderio in costui a pigliare qualche Turco vivo onde potere spignere avviso al Gran Maestro in riguardo ai disegni dell'Armata Turchesca. Cacciò innanzi verso la maremma dodici cavalli dei più leggieri sotto la condotta di Frate Adriano della Riviera, Cavaliere della Lingua di Francia, parente del fu Gran Maestro La Sengle, e Trinciante di La Valette. Desso intanto si pose in agguato dietro ad una muraglia in guisa che, sbandandosi alcun Turco, essergli potesse di un botto addosso. Il disegno a rovescio ebbe a sortire; il Cavaliere Fra Bendo Mesquita, Portoghese, e nipote del Capitano d'Arme della città, ansioso essendo di provarsi in qualche onorata fazione, trovandosi destro a cavallo si era partito alquanto più tardi per raggiungere la Cavalleria. Avvenne che egli errò il cammino; e non avendo potuto riconoscere il posto dove l'Eguaras imboscato se ne stava, per diverso sentiero trovossi vicino alla muraglia dietro alla quale La Riviera appiattato si trovava. E veduto che ebbe alcuni Turchi a terra, con soverchio e pochissimo considerato ardire contro di loro s'avventava, talchè i Barbari, sparate incontanente molte archibusate, da una di queste in mezzo al petto venne colto, e morto in terra cadde. La Riviera con animo temerario, tentando in quella di prestargli ajuto, fu circondato dai Turchi e ferito di freccia in gamba, mentrecchè gli cadeva morto anche il cavallo. Bartolomeo Faraone, Gran Visconte accorso ad ajutarlo, ebbe la mala sorte di cadere prigioniere. La Riviera intanto venne condotto davanti a Mostafà Bascià. Questi ne fu allegrissimo, sperando poterne ricavare qualche avvertimento, ed ottenere agevolezza per la sua disegnata impresa. Frattanto l'infelice La Riviera fu medicato e ben trattato, ma ciò non durò molto, come più tardi si saprà. Avendo il Maresciallo inteso dal Commendatore Fra Giovanni de Acugna, l'ordine del Gran Maestro, devenne subito al segno di raccolta della Cavalleria. Si mosse quindi alla volta del Borgo, mentre che lasciava dietro guardie onde spiare i movimenti dell'Inimico, e riuscire così a poterne dare a buon tempo avviso. Giunto che quivi fu, rimandò la Cavalleria verso la città. Sommo fu il dispiacere in La Valette per l'infausta circostanza di La Riviera. Si figurava che a forza di tormenti e pene, potesse pregiudicare gl'interessi dell'Ordine. Mostafa Bascià rimase deluso nelle sue speranze, dappoichè La Riviera, fermo e costante nel suo proposito, non facevagli altro sentire che l'impresa sarebbe stata difficilissima. Nella seguente notte, il rimanente della Flotta nemica dal Migiarro e da Hain-Toffieha movendosi, andò a ridursi nel Porto di Marsascirocco. E perchè di guida ai legni servire potessero, molti fanali furono levati in alto; mentre che per loro difesa vennero eretti tre bastioni, muniti di alcuni pezzi di artiglieria per l'evento di qualche improvviso assalto.

Capitolo II.

Sopravvenuta la mattina della domenica 20 di maggio, pervenne notizia nel Borgo che la Flotta Turchesca si fosse riparata entro Marsascirocco. Estinta fu quindi l'ambigua e vana speranza che fosse a passare oltre. Non rimaneva dubbio che all'impresa di quest'Isola non s'apparecchiasse. Il Gran Maestro, uomo devoto, fe' a se chiamare il Vescovo di Malta, Fra Domenico Cubelles, ed il Priore della Chiesa Frat'Antonio Cressino. Fu convenuto ed ordinato che in quel mattino stesso si facessero le Processioni Generali, e che s'implorasse il divino ajuto contro l'impeto ed il furore de' Barbari. Trovavasi casualmente nel Borgo un predicatore dell'ordine de'Cappuccini, di nome F. Roberto D'Evoli, già rimasto per qualche tempo schiavo in Tripoli, ed ultimamente riscattato dalle mani degl'Infedeli, mercè le limosine di altri schiavi Cristiani. Questi, sottile Teologo, ed Oratore facondo, fece una predica sì eloquente, spiegando la gran forza e virtù dell'orazione, che mosse gli animi di tutti, ad un fervore indicibile,— ad una divozione incomprensibile.

Comecchè il Gran Maestro intento fosse alle cose spirituali, tuttavia le temporali non tralasciava di considerare; anzi dietro avviso che l'Armata Nemica fosse in sullo sbarcare gente ed artiglieria a Marsascirocco, diede ordine perchè il Maresciallo allo spuntare dello stesso giorno si trovasse al Casale Tarxen con 1200 Fanti. Questi venivano composti di molti cavalieri a piedi; del corpo del Colonnello Mas; della gente del Capitan

Romegasso; di quella dell'Alfiere Medrano; del Capitan Luserches a capo di una delle compagnie degli abitanti del Borgo, e del Capitan Sese con quelle della Burmola. Giunto al Borgo il Capitan Eguaras con tutta la Cavalleria, fugli ordinato dal Maresciallo a trascorrere più innanzi, alla volta cioè a dire del Casale di S. Caterina, occupato già dai Nemici. I Turchi veduta appena la Cavalleria, tosto uscirono dal casale; scaramucciando, facevansi di mano in mano ai nostri, e spiegavano una moltitudine di diverse banderuole vagamente colorite; e protetti dalle muraglie, a furia d'archibusate, ferirono alcuni Cristiani, costringendo i nostri infine a dare in dietro, talchè la Cavalleria tra le muraglie imbrogliata, non riusciva a fare buon effetto. Un Rinnegato Francese rifuggito essendo al Capitan Eguarras, fu da costui inviato al Gran Maestro; venendo in quella scortato da quattro cavalli, per mezzo del quale La Valette seppe che il corpo nemico arrivava a circa dieci mila uomini.

Il Capitan Eguaras intanto ordinò al Cavaliere Frà Stefano di Clarmont suo Alfiere, perchè, scaramucciando con cautela, e ritirandosi pian pianino, procurasse di attrarre i Nemici alla pianura di S. Leonardo (1); dove il Maresciallo, presi i vantaggi, e le muraglie di archibusieri guarnite, aveva fatto aprire in diversi luoghi le circonvicine chiuse, affinchè i cavalli per varie vie entrare ed uscire potessero. La Cavalleria con l'Infanteria congiuntasi ad

---

(1) S. Leonardo è il nome apposto ad una contrada giacente tra Casal Zabbar e Marsa Scala.

agire, si combatteva a notabile danno e mortalità dell'inimico. Il Maresciallo dubitando di venire dall'eccessiva moltitudine de' Barbari sopraffatto, e sempre mai ricordevole del consiglio datogli dal Gran Maestro, dietreggiava, dando ai Nemici sempre la fronte, fintantocchè fattosi al piè del Borgo, l'Artiglieria de' posti di Provenza e d'Alvergna, tolse ad agire. Alcune altre Compagnie di soldati, ed un gran numero di Cavalieri, uscirono alle contrascarpe. Il Gran Maestro non poteva frenare che da otto cento freschi Archibusieri, al soccorso del Maresciallo Couppier non accorressero là di botto. Rincorati in quella, animosamente i nostri s'avventarono addosso all'inimico, talchè avvenne che i Turchi furono messi in rotta, perseguitati venendo pure sino a Buleben (1); ove molti ebbero a rimanere sul campo uccisi, oltrecchè sei di loro furono presi vivi. La Cavalleria, che arrivava nel tempo che i Barbari erano in sulla fuga, ne uccise una quarantina, e fatto avrebbe maggiore strage, dato che giunta a bel tempo fosse alla spianata di S. Leonardo. Intanto il Capitan Eguaras rimase ferito in una gamba sì gravemente, che fu obbligato a starsene sotto cura nel Borgo. Nello stesso tempo non tralasciò di deputare in vece sua il Commendatore Fra Pietro Antonio Barrese, Cavallerizzo del Gran Maestro, perchè assumesse il comando della Cavalleria in sua assenza. In somma questi considerato

(1) Buleben, (padre del latte) territorio giacente presso al Casal Zabbar; un tempo era feudo nobile. Si suppone che abbia avuto una tale appellazione, per l'abbondanza del latte che si mugneva dalle pecore che vi si tenevano stante la bontà dei pascoli. V. Malta Illustrata, Lib. 1, Not. VIII, p. 315.

avendo essere quella già di molto stanca e priva de'necessari conforti, determinossi di farla ridurre entro la Città Notabile. E siccome il Maresciallo vedeva pure essere la gente sua di molto esausta di forze, fece battere a raccolta, ritornandosene al Borgo colla perdita di due soldati solamente, e del Cavaliere Fra Nicolò del Bene, Fiorentino, il quale con soverchio ardire s'era di troppo cacciato avanti.

In questa fazione venne dato al Cavaliere Fra Gio. Antonio Morgute di Navarra di uccidere un Turco riccamente vestito, il quale al braccio destro aveva una piastra d'oro legata, in cui intagliate si esibivano alcune parole, in lettere arabiche, importanti questa frase: *Io non vengo a Malta per guadagnare nè oro, nè onore, ma per salvare l'anima mia.*—Tali parole chiaramente dimostrano che i Barbari per altra cagione non si muovevano, se non che per un fanatismo e per zelo di Religione.

Nella seguente notte i Nemici piantarono gli alloggiamenti ai Casali Santa Caterina e Zabbar, guastando la devota chiesa del primo, e fuoco dando alle aje del vicinato. I nostri, non già tanto i soldati e gli uomini; ma le donne ed i fanciulli ancora, animosamente trasportando andavano alle Fortezze, sì addosso che per animali, la terra allora tanto necessaria per la costruzione dei ripari.

All'alba del lunedì, venti-uno di maggio, quel Rinnegato Salernitano fatto ritorno presso il Gran Maestro, gli diede avviso che tutto l'Esercito Nemico si sarebbe innoltrato fino a sopra i Fossi delle Fortezze del

Borgo. La Valette per ogni buon fine fe' caricare e puntare le Artiglierie di tutti quei posti alla volta dei passi e luoghi dove i Nemici avrebbero avuto necessariamente ad esporsi, nell'evento che realmente avessero osato di presentarsi per effettuare un tanto ardito disegno. Chiamati a se quindi gli ufficiali di artiglieria, vale a dire: il Commendatore, il Prodomo, i Coadjutori ed i Capi Maestri, &c., esortolli perchè diligenti, accurati, e solleciti nel fare il loro dovere fossero, e segnatamente così in quel giorno in cui s'avesse avuto a giudicare del loro valore; frattanto promise che avrebbe usato gratitudine e liberalità con tutti coloro che meritate le avessero. Importava sommamente che i primi furori ed impeti dei Barbari venissero repressi, non che loro si facesse intendere che quelle Fortezze erano ben munite di artiglierie, e provvedute di munizioni, ed infine che i Bombardieri, che a difendere le toglievano, erano animosi ed eccellenti guerrieri, e pronti a spargere il loro sangue. Il Maresciallo intanto, assistito dal Colonnello Mas, dal Capitano Romegasso e dall'Alfiere Medrano, prescelti come i più esperti e pratici, ebbe ordine dal Gran Maestro di condurre seicento archibusieri scelti, e mettersi e fortificarsi quanto mai fosse stato possibile nella chiesuola campestre di Santa Margherita (1), la quale ad un tiro di moschetto discosta, giaceva a fronte ed in mezzo de'due Baluardi di

---

(1) A questa Chiesa, la quale esiste sopra una collina dietro la Burmola ossia la Cospicua, in oggi è unito un monastero di Verginelle sotto la regola di S. Teresa, fondato per opera del pio e zelante nostro compatriotta il Sacerdote Don Pietro Saliba. V. Malta Illustrata, Lib. 1, Not. VIII, p. 315.

Provenza e d'Alvergna, l'artiglieria dei quali avrebbe fatto all'inimico grave danno. Ordinato fu eziandio che il Generale Gioù, ed il Capitan Fra Gaspare la Motta con altri quattrocento Fanti, parte a corsaletti e picche, e parte ad archibusi, mettere si dovessero sulla via coperta della contrascarpa, e che le altre compagnie e tutto il popolo, con un gran numero d'Insegne e Bandiere, e con forte strepito di Tamburi, si mostrassero sull'altura de'posti di difesa. I Cavalieri a miglior tempo conservare ei voleva, quindi stabilito fu, che nissuno di loro dovesse fuori uscire. Un siffatto divieto non fe' altro che provocare in loro ardentissimo desiderio, a vedere i Turchi in faccia, a venire con esso loro alle mani. Talmente fu importunato il Gran Maestro che concesse licenza a pochissimi. Nacque da ciò disordine, e con tale pericolo che il Gran Maestro quasi solo nel Borgo rimaneva. E posciacchè quei Cavalieri vedevano che la gente di S. Margherita dato principio a scaramucciare aveva, e che i Nemici già tutti a mostrare si erano, frettolosamente per uscire corsero, recandosi ad onta ed obbrobrio il dovere rimanere indietro; onde necessario fu che il Gran Maestro si adoprasse in persona, e con l'autorità sua a frenare quei Cavalieri. Ciononostante già s'era dato mano a sforzare l'uscita, e pria che a ciò rimediare si fosse potuto, già n'era andata fuori una grossa schiera. Sedato quello scompiglio, il Gran Maestro a dispetto del parere degli Assistenti, volle montare sul Baluardo di Provenza in guisa che tutto quasi quel dì, con gran pericolo della sua persona, esposto vi si stava, godendo ineffabile piacere nel vedere coi più bei tiri di cannone sbaragliata, or quella or questa schiera di Barbari.

Ed egli stando sul Baluardo intento perchè le Artiglierie facessero maggiore sforzo, correva molto pericolo che dalle archibusate nemiche potesse offeso venire, dappoichè queste sibilando, passavangli molto da vicino in guisa che un soldato rimase ucciso, e Fra Martino Morgute, suo paggio, ferito in gola, ma non tanto gravemente. Avvenne in quella una disgrazia e fu, che dandosi fuoco ad un cannone, il vento ch'allora alquanto forte soffiava, ne fe' schizzare alcune scintille, le quali, sul focone di un altro cannone vicino cadute, fecero sì che questo prendendo fuoco, ne rimanessero vittime quattro uomini oltre parecchi altri feriti. Siffatto tristo accidente benchè infausto per quei miseri riputare si dovesse, ben men grave appariva, alloracchè si riconobbe la vendetta che quel pezzo si faceva sopra i nemici: tanti di costoro, che il Maresciallo ed i suoi allora vivamente stringevano, uccisi rimasero sul campo. Nella fuga colti furono da un'altra cannonata, che buon effetto non mancò di fare. Frattanto la Chiesuola di Santa Margherita stata occupata dai Turchi, fu subito dopo ripresa dai nostri. In questa fazione il Cav. Frat'Alain di Montal, detto La Prade, del Priorato d'Alvergna, Capitano della Galera *Capitana*, e Luogotenente del Generale Gioù, seguito dal Cav. Fra Francesco Ximenez di Navarra che ebbe a soccombere, e da Don Giovanni di Paternoy di Aragona, che toccò una ferita, e da un soldato infine del Medrano accompagnato, tanto innanzi si cacciò, che, malgrado che ferito da una frecciata nell'occhio rimanesse, fu bastantemente impavido a togliere una delle insegne principali dalle mani di un Sangiacbei (1), che sul luogo cadde ucciso. Tale insegna esposta venendo nella Chiesa di S. Lorenzo, il Gran Maestro dai Signori del Consiglio accompagnato, ed a quella proceduto avendo, rese grazie al Sommo Dio per siffatto onorato avvenimento. I nostri dalle artiglierie protetti, ed ajutati, malgrado che poco più di mille fossero, operarono prodezze, affrontando un tanto numeroso esercito, e facendogli valorosa resistenza in aperta campagna per lo spazio di più di sei ore continue, quando da nove cento a mille Turchi uccisi furono, mentre che i nostri non perdevano che soli vent'uno, comprese le vittime di quella catastrofe, e di un'altra che nella medesima occasione succedeva in una casa nella Burmola, dove, come il Capitano F. Martino de Sesè distribuendo andava la polvere ai suoi soldati, uno di costoro per mera inavvertenza, appiccò fuoco in un barile di questa pieno, per cui la casa saltata in aria, lo stesso Capitano Sesè ed alcuni soldati estinti sotto quelle rovine rimasero. Il Capitano Fra Simone de Melo, Cavaliere Portòghese, stante l'avvenimento di sopra detto, venne nominato nelle veci del defunto Capitan Sesè.

(1) Sangiacco è titolo di una delle primarie dignità dell'Impero Ottomano. La medesima è distinta da uno Stendardo.

CAPITOLO III.

INTANTO il Cavaliere La Riviera, sostenuto avendo a Mostafà Bascià che la parte del Borgo tenuta per la più debole dai nostri fosse la fronte, mentrecchè dall'inimico si verificava essere quella la più forte, venne condotto ad una delle Galere dove a colpi di bastone martirizzato, crudelmente il fecero morire, e rendendo l'anima al Creatore, edificava tutti quegli Schiavi Cristiani che in quella confinati trovavansi, i quali testimoni furono della ferma costanza, della placida rassegnazione, e dei segni di viva fede che quel santo e devoto fine accompagnarono.

Il Turchesco Esercito riconosciuto il Borgo, si divise in tre Squadroni: uno di questi si accampò sopra San Giovanni (1) mettendo il suo Bazar, ossia Mercato nel

---

(1) Questo è S. Giovanni " ta Euscia " cioè Elemosiniere, giacente dietro la Cospicua, tra le fortezze Firenzuola, e la Cotonera.

Casale Tarxien; un altro, con cinque o sei pezzi d'artiglieria, marciò alla volta del Giardino e della Fontana della Marsa; frattanto sotto al Casal Luca per la vicinanza delle acque i primi Padiglioni piantati, e gli alloggiamenti fermati furono, e ciò dopo di avere scaramucciato col Capitano Fra Pietro Antonio Barrese, il quale travagliava l'inimico fuori in campagna, come questo tutta l'Isola riconoscendo andava, appiccando fuoco a tutto quel che portare via non poteva, e depredando una grossa quantità di bestiame, la quale fugli utilissima nel tirare le artiglierie per là d'intorno; il terzo squadrone piegando verso la Burmola, andò a riconoscere la fronte del Forte S. Michele, l'artiglieria della quale non mancò di produrre ottimi effetti. L'Ammiraglio di Monte fe' spingere avanti una squadra di Cavalieri Italiani, e le Insegne del Capitano Fra D. Carlo Ruffo e di Asdrubale de' Medici, cioè a dire di Frate Antonio Martelli successore suo; seguì in quella una breve scaramuccia nella quale alcuni Turchi soccombettero, e de' nostri il Cavaliere Fra Girolamo Speziale Siciliano della Città di Noto, non che molti feriti rimasero. Il Gran Maestro considerava che la perdita di dieci Turchi importava meno di un soldato de' suoi, talchè si determinò di conservare la gente sua, e riserbarla a tempo più difficile, quando avesse avuto a sostenere e risospingere i futuri assalti dell'Inimico; e pertanto in seguito andò più ritenuto nel permettere che si uscisse alle scaramuccie. Si faceva sentire al Gran Maestro che la gente e gli

gli animali ridotti entro le Fortezze, consumavano molta acqua, per cui egli ordinò che i buoi e le vacche venissero macellati e salati, facendo frattanto scandagliare le cisterne per cui si rilevò che per quattro mesi l'acqua durato avrebbe. Il Gran Maestro fatto avvertito che l'Inimico avrebbe fra breve riconosciuto il Forte St. Elmo, vi mandò in sussidio tanti Cavalieri, quanti era mestieri perchè se ne compisse la somma di cento, e vi spedì pure il Colonnello Mas con parte de'suoi, non che il Cavaliere Fra Louis de Massues soprannomato Vercoran. Non mancarono i Turchi di andare a riconoscere quella Fortezza, e molto da vicino; e fu nel martedì al ventidue di maggio, quando pure appiccatasi una fiera scaramuccia, ambe le parti sostennero perdite, ma però i Turchi furono perditori di più uomini, causante l'artiglieria della stessa Fortezza, assistita in quella dal Forte St. Angelo. In questa occasione La Valette si scorgeva asceso su quest'ultimo Forte, donde faceva sì che i Barbari battuti fossero là dove più folti li scoprisse. I Turchi intanto duravano molta fatica a tirarsi dietro i cannoni sul Monte Sceberras (1), dove con molta diligenza ed attività si misero a lavorare, costruendo trincee, ed erigendo ripari. Questo lavoro da loro intrapreso, benchè molestati dalle nostre artiglierie venissero, riuscivano a condurlo con molta facilità e prestezza; ed il Gran

---

(1) Qui nell'anno 1566 venne fondata l'inespugnabile Città Valletta, nome ritratto al suo fondatore il Gran Maestro La Valette. Per unanime consenso dell'Ordine, ricevè il titolo di "Umilissima." Si vegga l'Iscrizione sovrapposta a Porta Reale. Si avverta che lo stesso Monte veniva appellato St. Elmo estesogli dal Forte di questo nome.

Maestro vedendo che senza difficoltà l'Inimico sarebbe a riuscire nel suo disegno, si faceva a dubitare che prima che giunto stato fosse il soccorso promessogli da Don Garcia, l'espugnazione di St. Elmo sarebbe stata effettuata. Parte dell'Inimico intrattanto venne ad accamparsi assai vicino a St. Elmo, prescegliendo quella volta del Monte che si piega verso Marsamuscetto, rimanendo per conseguenza salva dalle artiglierie di St. Angelo e del Borgo, ridotta innoltre essendosi dietro grossi e forti ripari, per cui protetta pure andava da quelle del Forte St. Elmo.

Il Balio Eguaras in un agli altri capi, che nella sopradetta Fortezza trovavansi, vedendo che l'assedio alle strette li riduceva, risolse di spedire presso il Gran Maestro il Capitano Giovanni della Cerda, perchè gli desse conto dello stato tristo di quella Fortezza, e chiedesse un pronto soccorso. Il Gran Maestro domandato avendo al Cerda come stesse St. Elmo, questi, pochissimo accorto di essere in pubblico, rispose gli in questi termini: " Che non poteva tralasciare di liberamente esternargli che per essere St. Elmo piccolo e debole, angusto e senza ripari, non si stimava luogo che ragionevolmente si potrebbe difendere contro quella formidabile potenza."—Tale risposta dispiaciuto avendo al Gran Maestro, questi ironicamente risposegli: *Ti ringrazio dell'avviso.*—Frattanto lo esortava a fare il suo dovere, e gli diceva che, quando sembrato gli fosse che quei soldati fare non il volessero, sarebbe egli stesso andato in persona con altri soldati a difenderlo. Avuta intanto onoratissima opinione del valore dell'Alfiere Gonzalo de Medrano, si determinò di spedirlo a St. Elmo con la Compagnia che in assenza del Capitano Miranda comandava; e fattolo a se venire, e dichiaratogli l'animo suo, gli conferì il titolo di Capitano, il che egli accettando, provò grandissimo contento. Il Capitano del Galeone, Fra Gaspare della Motta, spontaneamente si esibì ad andarvi con alcuni della sua Compagnia; il Gran Maestro v'acconsentì di buon animo, conoscendolo per animoso ed ardito guerriero, e persuaso essendo che siffatto uomo avrebbe colla sua presenza animato ed incoraggiato gli altri.

In questo mentre sessanta forzati liberati venivano, purchè da guastatori e soldati, abbisognando, servissero. Tale soccorso fu a barche traghettato a St. Elmo. Nella notte del venticinque di maggio giunse in questa Fra Giovanni Sola Servente d'armi del Priorato di Navarra, il quale da mero religioso zelo spinto, apriva la via a molti altri Cavalieri di piegare a questa volta.

Il danno intanto che dalle Turchesche Artiglierie ricevendo s'andava, era reputato da' nostri notabilissimo.

Le Galere, cioè, le due Capitane, l'una della Religione, e del Gran Maestro l'altra, e quella poi di S. Giovanni, furono fatte disalberare e ritirare entro il fosso d'acqua frapposto al Castello St. Angelo ed al Borgo.

Il Capitano Andrea Magnasco detto il Fantone, passato essendo per una barchetta dallo sprone della Senglea all'opposta ripa del Monte St. Elmo, speditovi espressamente dal Gran Maestro perchè fuoco appiccasse alla Polveriera dell'Inimico; e quella barchetta scoperta venendo, mentrecchè in attesa del Fantone si stava, al quale riuscito era di a terra smontare, molte archibusate sparatele vennero; e come il Fantone queste scansare cercava, quella ei non ritrovando a riva, costretto fu di buttarsi in mare, e nuotando, datogli venne di riguadagnare l'Isola incolume.

In quella epoca il capitano Eguaras risanato della ferita che toccata aveva, felicemente ripassò alla Notabile, ove trovato il Commendatore Barrese, dal medesimo seppe, che alcuni Turchi erano stati fatti schiavi. Appena riassunto l'incarico, si metteva già a scorrere quelle campagne colla cavalleria.

Al ventisette di maggio alcuni Maltesi pratici dei luoghi e cammini, che andati erano coll'Eguaras perchè di guida servirgli potessero, condussero al Borgo parte de'fatti schiavi, e fra i quali un giovinetto Candiotto dal quale si ebbe ragguaglio che Pialì Bascià fosse stato ferito, ma non gravemente, da una scheggia staccata dalla rocca per una cannonata partita da St. Angelo.

Frattanto l'Esercito Nemico, la fronte ed il cavaliere di St. Elmo principalmente si sforzava di combattere; ma da St. Angelo offeso, si rivolse a battagliare quest'ultimo, non solo con tre cannoni che fin' allora adoprato aveva contro il porto (1), ma bensì con altri tre, i quali furono collocati sul Monte Sceberras, e poscia

---

(1) Si allude al porto così detto delle Galere giacente tra il Borgo e la Sengles.

Capitolo III.

da altri due rinforzati. I medesimi talvolta venivano puntati e tirati contro il Forte St. Elmo ancora; e per quanto i Turchi affaticati si fossero, non vi fu modo che St. Angelo superato mai venisse.

Era mirabile cosa in vero, di vedere con quanta prestezza andavano i Turchi, in terra così sassosa ed aspra, innalzando monti di materiali lungo il luogo ove apparecchiavano i bastioni, e le piattaforme per la Batteria generale contro St. Elmo.

Martedì adunque al ventinove del cennato mese di maggio, i nostri, non potendo avere più pazienza, fecero alcune sortite da questo Forte, sotto la condotta del Colonnello Mas e del Capitan Medrano, e di giorno come di notte assaltavano i Nemici fino alle trincee loro. Occorse che molti Turchi uccisi venissero, ma ciò non seguiva senza che i nostri offesi pure rimanessero, talchè molti venendo feriti, furono rimandati al Borgo per essere medicati. I nostri nell'ultima ritirata che facevano, essendo stati incalzati da una moltitudine, vennero inseguiti fino alla contrascarpa del Forte che verso Marsamuscetto guardava. I Nemici col favore del vento a guadagnarla riuscirono, dappoichè il fumo, spesso e bujo dalle artiglierie de' nostri alla loro volta spinto, li copriva in guisa che veduti essere non potevano, e prevalendosi di tale fausta circostanza, e quindi i nostri dal Rivellino non potendoli tanto offendere, eglino, trovando il terreno facile a smottare, ebbero l'agio d'incontrare un modo da potervisi fare largo, ed affrontare i nostri a furia d'archibusate;

ed ecco che, in meno ch'io dico, con istupore di tutti, la contrascarpa delle loro bandiere videsi tutta coperta.

Il Rivellino essendo pertanto rimasto imperfetto, non si sarebbe potuto difendere che per ben pochi giorni; e quindi fu concertato che si minasse e si facesse in aria volare onde almeno di danno e mortalità all'Inimico stato sarebbe, quando creduto si fosse, che abbandonato gli venisse. Però, come in appresso si saprà, non fuvvi tempo e modo a mettere tale disegno in esecuzione, che molto utile anzi necessario in vero stato sarebbe.

Come tali cose succedevano, Mostafà e Pialì Bascià con ansietà somma attendevano l'arrivo di Draguto Rais Governatore o siccome dicevano eglino, Re di Tripoli di Barbaria. Nel mattino di mercoledì il 30 maggio, ebbero avviso dalle Galeotte che fuori in guardia stavano, che per libeccio a pochissima lontananza dall'Isola diverse vele latine navigando andavano a questa volta. Fu là opinato che altri essere non potessero se non che i Vascelli del desiderato Draguto. Pialì Bascià con ottanta Galere intanto da Marsascirocco per incontrarlo si mosse, e come davanti all'ingresso del porto quelle veleggiando s'andavano, volle che ogni Galera sparasse il suo cannone di corsia contra St. Elmo, e ciò fatto venendo, bello davvero fu l'effetto di tale bravura, imperciocchè molte delle scaricate palle, trapassando per il Turchesco Esercito, sul Monte accampato, alcuni di questo meritamente ne pagarono il fio. In quella corrisposte venendo da cannonata del Cavaliere St. Elmo, una di tali Galere, tanto nel

Capitolo III.   47

segno ne fu presa, che affondata si sarebbe non fosse stata dalle compagne sul momento assistita.

Draguto frattanto sopra l'Isola con tredici Galere e due Galeotte arrivò, conducendo seco pure da mille e cinquecento Soldati; e giunto che fu all'Armata Turchesca, fra il Porto di S. Paolo e la Cala di S. Giorgio, con tutte le artiglierie de' suoi legni la salutò, per cui venne dall'altro canto corrisposto con una lunga salva d'artiglieria; ed avendo indi dato fondo entro la Cala di S. Giorgio, venne condotto alla presenza di Mostafà Bascià dal quale con grandissimo onore fu ricevuto.

Le Galere a Marsascirocco rimandate, i tre Bascià ebbero a fare consiglio, quando, all'istanza del Draguto, furono lette le istruzioni di Solimano, per le quali veniva ordinato che nulla si dovesse in esecuzione essere passato, a meno che il parere ed il consiglio di Draguto preceduti non venissero.

Quest'ultimo Bascià veniva da Solimano riputato per uomo esperto e giudizioso; e tali qualità non andavano punto smentite, dappoichè comprovate venivano da imprese fatte in vari tempi con ingegnosi stratagemmi e sottili invenzioni. La sua prima professione era stata di Bombardiere ed Ingegnere, ed infine fu di Corsaro.

Fatto inteso il Draguto di quanto sin'allora era occorso, e dettogli Mostafà avendo d'intertenere speranza che in quattro o cinque giorni avrebbe fatto spianare St. Elmo, quegli gli rispondeva che si aveva a fare con gente che al rumore ed al fracasso del cannone non sapeva sbigottirsi, e gli diceva pure che per vincere era uopo che si adroprasse da vero l'ingegno e la forza, e che si venisse infine ad una ferma risoluzione di combatterla e strettamente.

Draguto insomma fu di sentimento che prima di tutto si dovesse espugnare il Gozo e la Città Notabile, e così accertarsi di non venire mai in appresso molestati dalle spalle; al che ribattè Mostafà che la madre di tutte le fortezze considerava di essere il Borgo, e ricordandosi d'un detto volgare, glielo recitò; ed eccolo: *Che chiunque il serpe tosto estinguere brama convien che'l capo gli percuota e schiacci.*

Draguto stancato da molte altre ragioni, disse che una sola circostanza lo spingeva ad acconsentire che si dovesse continuare l'impresa di St. Elmo, ed era quella che stimava altamente d'impedire che la riputazione dell'Esercito Turchesco venisse sfregiata, al quale, braccio ed invincibile spada essendo del Gran Signore, non conveniva mai che si ritirasse da una incominciata impresa; e fu quindi risoluto che l'intrapresa espugnazione di quel Forte non si dovesse discontinuare.

Ciò stabilito appena, Draguto si mosse a riconoscere St. Elmo, e la batteria che sul Monte dai suoi innalzata veniva; e tutto avendo considerato, propose a Mostafà Bascià, che, per agevolare l'impresa, si facesse ogni sforzo per guadagnare il Rivellino, ancora che ciò a costo della vita di molti soldati ottenere si dovesse.

Capitolo III. 49

Quattro cento Turchi che indarno vennero spediti alle grotte del Redum alla Madalena (1), spintivi stati essendo da uno schiavo negro già battezzato, il quale fuggendo capitò nelle mani di un favorito di Mostafà, ed il quale pure ve li conduceva per l'oggetto di prendere un buon numero di Maltesi che colà dentro trovavansi ridotti, nel ritorno che facevano a tre miglia di distanza dalla Città, incontrarono un grosso branco di buoi e pecore, ed avidi di fare qualche preda, se li prendevano cacciandoli innanzi alla volta dell'Esercito. Saputasi tale circostanza dall'Eguaras, in quel mattino stesso con ottanta Cavalli uscì in Campagna, facendo nel medesimo tempo scorta ad alcuni Maltesi che avevano a portarsi alle aje per raccogliere ed assicurare i grani che dietro avevano abbandonati. Riconosciuto intanto il numero del battaglione nemico, composto quasi d'arcieri, meno cinquanta archibusieri; e notata l'asprezza e la scabrosità di quelle contrade, mandò subito per avere soccorso d'infanteria dal Capitano d'Arme della Città. Per baloccarlo fece smontare quaranta archibusieri che seco aveva, e presi i vantaggi appiccò scaramuccia dandogli alle spalle col resto de' cavalli. • L' Inimico lasciato avendo l'armento con trenta uomini che spingere avanti pur lo andavano, restringendosi in gruppo, si pose a dare caccia a' nostri, crudelmente

(1) Qui non si parla della Madalena giacente dietro Casal Gargur, mapperò di quella esistente appresso [Casal Dingli, ove si scorge una chiesuola eretta tra le balse, a pochissima distanza dal mare. Redum, o meglio Rdûm, significa; burrone; dirupe; precipizio.

saettandoli. Dopo essere stati per qualche pezzo alle mani impegnati, giunsero ottanta archibusieri sotto la condotta del Capitano Fra Giovanni Vagnone, e tanto opportunamente, che, inosservati, alla celata s'andavano mettendo dentro il Casale Mosta, mentre che già era in sull'entrare da un'altra parte lo squadrone dell'Eguaras, il quale simulando prima ritirata, fe' rimontare a cavallo i suoi archibusieri, il che occasione dando ai Barbari d'inseguirlo, ebbero a trovarsi tirati al teso loro agguato. Essendo quivi alquanto di pianura, ebbe l'Eguaras il modo di maneggiarsi meglio a cavallo; e per dare animo ai suoi, egli stesso, seguito dal Commendatore Barrese, fu il primo ad avventarsi in mezzo al Nemico, e quindi animosamente spingendosi i suoi, ecco che coi cavalli l'urtavano, e a lance e zagaglie il ferivano.

Diversi si distinsero per coraggio e valore in questo ultimo fatto d'armi, tra i quali precipuamente, il Cav. Fra Vincenzo Anastagi, Perugino; Fra Bernardo de Cabrera, Catalano; Fra Giovanni de Barbissieres, soprannomato Boisberton, Sottocavallerizzo del Gran Maestro; Fra Tommaso d'Espinosa, Castigliano; Fra Girolamo Marziglia, Aragonese; i Maltesi Carlo d'Aula, Ceilo Tonna, il figlio di Paolo Micciolo, e Luca Briffa; ed infine il Greco Michele Calli. Poco mancava in questa medesima fazione che il Capitano Eguaras non venisse massacrato dai Nemici dai quali già contorniato si trovava ; e del tutto incolume non sarebbegli riuscito a cavarsene, non fossegli stata in quella prestata efficace assistenza: ma però nella mano già portava una ferita per una frecciata, ed in quella stessa con cui impugnava la lancia.

I Nemici intanto ebbero ad essere vivamente stretti e ridotti furono a mal partito, talchè messosi avanti il Capitano Vagnone coi suoi, quelli furono astretti alla fuga, venendo perseguitati ed incalzati sino alla Marina, dove i nostri stimarono prudente lasciarli, dubitando che le Galere che in quella andavano incontro a Draguto, come detto si è di sopra, fossero là d'intorno a sbarcar gente, e pertanto i nostri ritornavano alla volta della Città.

In cotesta fazione dugento Turchi morirono, oltracchè furono presi tre vivi, e tolta una delle Bandiere dalle mani di un Alfiere il quale ebbe pure a mordere la polvere.

Tale avvenimento fu da Mostafà Bascià sentito molto gravemente. Al giovedì dell'ultimo di maggio, al primo biancheggiare dell'aurora, l'aria essendo tranquilla, e placido il mare, in guisa che il rimbombìo delle infernali macchine nemiche più vivamente sentivasi, furiosamente la batteria contra St. Elmo si faceva a dare, quella cioè che fu piantata contro la fronte di essa Fortezza per vento libeccio, la quale eretta sull'eminenza del Monte Sceberras, veniva ad uguagliare l'altezza del Cavaliero di quel Forte nel tratto di 180 canne, come per ricordo di Girolamo Cassar, Maltese, Ingegnere della Religione, si rilevava. Sopra i Bastioni della cennata batteria sventolare scorgevansi quattordici

Bandiere, e piantati dieci cannoni rinforzati che tiravano a palle di ferro di ottanta libbre l'una, non che tre colubrine che le tiravano di sessanta, ed un basilisco che le scaricava di cento e sessanta l'una.

La destrezza e la precisione de'Bombardieri Nemici, era davvero un che di sorprendente a rimirare : ogni picciolo buco coglievano, imboccando e scavalcando di mano in mano le artiglierie dei nostri. Fin'anche La Valette rimarcava gli stupendi effetti che quelle artiglierie facevano; alcune delle espulse palle, benchè fallito non andasse il primo colpo, si vedevano sollevarsi d'un botto in diritta linea verso il cielo, coronate venendo in quella d'un cerchio tutt'infuocato e fumante. Alcune altre dopo che il Cavaliero colto avevano, risaltavano insieme colle schegge, le quali tutte ricadendo, facevano gravi danni. Altre nelle muraglie e nei terrapieni confitte rimanevano; altre i parapetti percuotevano e fracassavano, causando a mano a mano lo smantellamento delle difese del Cavaliero; ed altre infine trapassando il loro bersaglio, si scorgevano guizzare lontano lontano e risaltando sparire pel mare.

CAPITOLO IV.

Come il Gran Maestro rimirando andava la batteria dell'Inimico, alcuni de' Signori del Consiglio e de'Favoriti suoi si fecero a consolarlo, al che ei rispondeva che non già la batteria dell'Inimico attonito il teneva; ma bensì le poco buone nuove che ricevute avea dagli amici; e chiudendosi seco loro in Consiglio, sentire li faceva in secreto, che siccome nella precedente notte era entrato in porto un Brigantino armato, con a bordo Francesco Bonnici (Maltese) Piloto della Galera *San Giacomo*, così le Galere che attendeva da momento in momento, come anche i soccorsi di cui bisogno indispensabilmente s'aveva, avrebbero anche potuto guadagnare il porto a salvamento.

Avvenne che una delle cannonate dal Nemico sparate contra St. Elmo, percuotesse, e fracassasse l'asta dello Stendardo, nel quale la bianca croce in campo rosso, antica e gloriosa Insegna, sventolare si vedeva.

Tale circostanza effetto di mera curiosa combinazione, provocò all'Esercito Turchesco un motivo d'allegrezza somma, occorsa essendo nel venerdì, per cui se ne arguiva un presagio di futura vittoria.

Draguto volle che la Fortezza di St. Elmo venisse battuta con cento cannoni, a cinquanta tiri per volta. Eretto fu quindi un altro ordine di piattaforme e di bastioni, sui quali vennero piantati, il secondo Basilisco e nove altri cannoni rinforzati, in linea parallela con la prima batteria generale alla fronte di St. Elmo. Da quest'ultima tramutati furono quattro cannoni ad un posto più verso la marina di Marsamuscetto, venendo collocati sopra un monticello da cui si batteva il Cavaliero quasi in croce con le altre batterie, onde accadeva che rimanesse rimboccato uno dei fianchi della fronte di tale Fortezza. Verificavasi che riusciva difficile levare alla medesima del tutto le difese, massime quella della bassa piazza coperta. Già gl'Inimici impadroniti della contrascarpa piantavano due cannoni sull'argine del fosso, come anche quattro colubrine sull'opposta punta del porto di Marsamuscetto, conosciuta oggidì per la punta di Draguto o pure del Forte Tignè. Da colà si batteva per fianco il Rivellino, il Cavaliero, ed anche tutta la parte di St. Elmo che guarda verso occidente, e ciò avveniva con grandissimo danno dei nostri; di guisa che St. Elmo con due basilischi, con ventiun cannone rinforzato, e con sette colubrine veniva battuto.

Capitolo IV.

Era maraviglia da vero che questo Castello tanto piccolo e ristretto non venisse ridotto in polvere. Non decorreva un giorno senza che sei o sette cento cannonate contra di esso fossero state sparate: di questa circostanza, il Cavaliero Fra Girolamo Pepe, Napolitano, il quale quivi ebbe a morire, faceva fede, avendone lasciato memoria.

Avvenuto essendo un combattimento, riuscì agl'Inimici di togliere il Rivellino di St. Elmo, e divenuti perciò essendo più orgogliosi e fieri, si lusingavano che avrebbero potuto agevolmente espugnare quel Forte: talchè trasalendo di gioja per questa vittoria, e mossi da temerario ardire, si deliberarono d'assalirlo. Laonde disprezzando la manifesta imminente morte che a' loro occhi preparata si vedevano, corsero scopertamente a mettere le loro persone avanti alle bocche delle artiglierie e degli archibusi, che guardavano l'apertura della contrascarpa, stata scavata, per potere dalla Fortezza fiancheggiare e difendere il Rivellino (1). Per quell'adito precipitosamente s'avventarono dentro quel fosso, portando seco una moltitudine di scale, le quali appoggiate alle muraglie, accadde che si trovassero corte, cosicchè furono obbligati a farsi in dietro venendo messi in conquasso.

(1) Il Vannossi dice che i Turchi non facevano sulle prime tanto caso delle Fortezze; ma subitocchè ogni sforzo a soggiogare Malta era sortito vano, Solimano dovette quindi considerare quanto debole fosse il suo Esercito in assenza di quelle; ed allora fu che ne fece innalzare nel proprio stato.—V. "Il Valore Maltese" difeso da Carlo Magri della Valletta pag. 90-91.

Risultò che nel primo assalto contro St. Elmo i Turchi perdessero due mila uomini incirca, tra morti e feriti, rimasti quindi inabili alla guerra. Dei nostri morirono venti Cavalieri a un dipresso, fra i quali il Cavaliere Frate Abel de Bridiers, detto Gardampe, del Priorato d'Alvergna, il quale, toccata avendo un'archibusata nel petto, e venendo da'confratelli ad essere ajutato perchè si ritirasse, disse loro così: *Che per combattere virilmente per la Santa Fede, era uopo che non si movessero.* — Egli intanto solo a piedi andato nella cappella di quel Forte, si fe' all'Altare, e raccomandandosi l'anima, spirò in mano a Dio.

Rimasero innoltre uccisi circa sessanta soldati, non che molti feriti.

Il Gran Maestro alla notizia della perdita del Rivellino sopraddetto, circostanza che ebbe a pesargli duro sul cuore, vi spedì il Maresciallo Couppier, ed il Cavaliere Fra Don Costantino Castriota, per indagare se quello potesse essere ricuperato; la risposta fu negativa, per cui quei due personaggi erano di parere che oramai si dovesse attendere solo alla riparazione ed alla difesa di St. Elmo più lungamente che si fosse potuto.

I Turchi preso avendo il Rivellino, si fecero a scagliare una infinità di sassate contra quella Fortezza per un lungo tratto di tempo, il che dava grande molestia, e causava grave danno ai nostri, i quali in quell'angustia di circuito, non sapevano dove potersi ridurre.

Capitolo IV.

Frattanto il Gran Maestro avendo rimandato altri soccorsi a St. Elmo, e considerando che di mano a mano sarebbe a sprovvedersi de'suoi soldati, scrisse al Commendatore Mesquita, il Capitano d'Armi della Città, perchè senza indugio gli mandasse cento soldati col Capitano Vagnone.

Come poter descrivere la luttuosa scena che succedeva tra i poveri assediati di St. Elmo. Non puossi mai concepire idea dell'eccessivo travaglio, e dell'insopportabile fatica che di mano in mano crescendo andavano. I visceri sfracellati, e le membra dalle nemiche artiglierie sbranate, venivano molte volte sotterrati nei parapetti. I miserandi assediati, e dormendo, e mangiando, e facendo continua residenza entro quel recinto, fermi alle poste da combattere si rimanevano. Sotto la sferza del cocente sole, all'umido sereno della notte, alla polvere, al fuoco artificiato, al fumo, alle sassate, alle archibusate, alle cannonate, erano divenuti siffattamente malconci e sfigurati che fra loro appena riconoscere si potevano. Oltre tali patimenti e fatiche si recavano ad onta di ritrarsi dalle mura per ferite che non fossero state più che ben gravi e pericolose.

Tali disagi e stenti non già solo in St. Elmo correvano, ma eziandio nel Borgo, e nella Senglea; talchè puossi dire con irrefragabile certezza, che quest'assedio fu uno de'più pericolosi, crudeli, e stentati che avvenire mai potuto avessero.

Come queste cose succedevano, il Popolo Maltese,

già ridotto nelle Fortezze, aveva consumato le provvisioni che seco da'Casali aveva potuto raccorre. Laonde il Gran Maestro deputò il Commendatore Fra Francesco Burgues e Don Agostino di Santa Maura, Scrivano del Tesoro, perchè notassero quelle persone che avessero potuto avere i mezzi a comprarsi il pane. Fu verificato che diecisette mila fossero capaci a mantenersi, e sette mila destituti dei mezzi: pertanto ai primi fu distribuito il frumento allo stesso prezzo che costava alla Religione, mentre a quest'ultimi fu liberalmente somministrato il cibo necessario per durante tutto l'assedio. Ciò nondimeno molto a costo di sudore di sangue se lo guadagnavano: dappoichè con ogni attività e zelo possibile vedevansi a lavorare ed assistere incessantemente attorno alle fortificazioni; e ciò eglino facevano con tanto buon animo e fedeltà che lodare appieno non si potrebbe; e tanto è vero, che mentre durò quest'assedio, fu particolarmente ricordato che un Maltese naturale non fu mai veduto rinculare a fronte dell'Inimico (1).

Draguto si protestò agli altri due Bascià, che qualora non si togliesse a St. Elmo il modo e la speranza di potere avere più soccorsi, non sembravagli possibile che si potesse riuscire ad espugnarlo. Ei propose, che all'opposta parte dell'ingresso del Gran Porto, denominata allora la punta delle Forche, ove tuttodì giace il Forte Ricasoli, si piantassero alcuni pezzi d'artiglieria coi quali pretendeva che il passo ai soccorsi

(1) *Vedi* Bosio, Tom. 2, Lib. 26, pag. 546.

potesse venire troncato. Pialì Bascià a cui si volle commettere tale incarico, si doleva di non poterlo accettare, subitocchè doveva assicurare il mare con sessanta od ottanta Galere ogni notte. Dall'altro canto Mostafà Bascià nol poteva assumere, dappoichè Pialì per l'effetto sopra enunziato gli tratteneva la metà della gente costantemente occupata, per cui non si poteva mai tenere un forte corpo di guardia alle Forche, ove stante la vicinanza del Borgo sarebbe stato più che necessario. Frattanto si attendeva da momento in momento l'arrivo del Re d'Algieri al quale si pensava affidare quell'incarico, perciò siffatta proposta ebbe a rimanere in sospeso. I Turchi volendo impedire i soccorsi a St. Elmo, ebbero a ricorrere ad altre diligenze le quali riuscire non potevano, poichè venivano molestati dalle artiglierie di St. Angelo.

Avendo potuto collocare alla punta delle Forche alcuni smerigli coi quali tiravano contro le barche di soccorso, riuscivano a costringere alcune a farsene indietro; ma poscia, scacciati da colà, le barche de'nostri potevano liberamente prestare a St. Elmo quei soccorsi de'quali gli assediati abbisognassero, sbarcandoli in una grotta giacente quasi di rimpetto alla porta di questo Forte, essendo volta alla Renella; e facendoglieli arrivare per mezzo di un cammino scavato a bella posta nella rocca viva.

Il 5 ed il 6 di giugno le batterie, sì di giorno, chè di notte continuarono a tirare contra il Cavaliero, il fianco che guardava Marsamuscetto e contra tutta la fronte di St. Elmo. Questa Fortezza veniva talmente signoreggiata, che nè anco ai parapetti andare o stare si poteva, laddove non si schermisse per mezzo di traverse, di strade coperte, e di alcune trincee scavate nella terra, o pure per mezzo di materassi e di ripari di terra bagnata e battuta. Per coprirsi innoltre alla meglio che si potesse, fu mestieri che di rimpetto al Rivellino ergessero un grosso ed alto parapetto composto di casse ripiene di lana e di terra ; e ciò venne messo in vece della brusca, e delle fascine che erano state già consumate. I Turchi intanto si accinsero a farsi adito per scendere nel fosso, gettandovi molte pietre e terra, di guisa che, formatovi un monticello, per siffatto mezzo riuscirono a calarvi. Ciò fatto appena, si adoperarono di piantarvi un ponte per l'oggetto di dare l'assalto al Baluardo.

Il Colonnello Mas, guerriero esperto e vigilante, avendo sentito il picchiare continuo che dai Nemici provveniva, e scoperto avendo il loro disegno, fe' di botto aprire una cannoniera, per cui riuscigli di rovesciare il loro intento. Eglino così attraversati, rivolsero altrove l'ingegno ; e fatto quindi venire un grande numero di guastatori, la muraglia di mano in mano s'andava distruggendo. Tagliata nella rocca una scala per cui sino alla posta del cennato Colonnello s'ascendeva, fu questi costretto di stare continuamente a capo de'suoi, combattendo da petto a petto gl'Inimici. Con la medesima industria, riuscirono di mettere un ponte dal punto donde terminava il Rivellino fino alla parte che guardava verso

Marsamuscetto. Miranda, il Maestro di Campo, che quivi la sua posta teneva, non potè in alcun modo contramminare quell'opera per cagione della rocca. Tale ponte consisteva di cinque alberi da navi, sovrappostevi venendo delle tavole in direzione trasversale, inchiodate e coperte di terra con tutta cura, onde impedire che venissero abbruciate. Sei od otto uomini in fila vi si potevano liberamente fare al parapetto del Miranda. I Turchi si misero quindi a sfasciarlo, non potendo venire molestati che da' fuochi artificiali meramente. I nostri avendo fatta una sortita nel fosso, appiccarono fuoco al ponte ; e succeduta una scaramuccia, cadde vittima un Sergente del Capitano Medrano soltanto. Parte di quello rimase distrutta, i Turchi riuscendo a salvare solo due alberi, ma rifatto venendo, il 7 di giugno era già pronto. Cosicchè dato l'assalto per la scala della posta del Colonnello Mas, ne furono respinti ; e ritirati appena, si fecero a tirare artiglierie contro l'anzidetta Fortezza, e siffattamente che il Capitano Miranda temeva che non si potesse più lungamente difendere la piazza ; talchè, abboccatosi col Balio Eguaras, ambi si risolsero di fare tenere consiglio. Il Capitano Medrano fu mandato a dimostrare a La Valette il disperato termine in cui quella Fortezza si trovava ridotta. Le difese ed i fianchi in parte già erano stati levati ; il Cavaliero era talmente danneggiato, che per le rovine si poteva alla sommità sua montare. Insomma l'Inimico senza perdere un uomo, poteva espugnare St. Elmo, quandochè quei Cavalieri e Soldati senza profitto vi si stavano fermi. Laonde il Capitano Medrano recatosi presso il Gran Maestro, gli disse, che Sant'Elmo per ragione di guerra non si poteva più difendere. Ma intanto fu risoluto in Consiglio che non si dovesse mai abbandonare, e che quindi sarebbe stato provveduto di altri sussidi. Ed il Gran Maestro non che i suoi Consiglieri gli facevano sentire, che vi sarebbero andati in persona per morire seco loro, laddove ciò fosse stato pure necessario. Presa tale risoluzione, il Capitano Medrano venne rimandato a St. Elmo col rimanente della gente del Capitano Vagnone. Giunse il Capitano Medrano in St. Elmo con somma ansietà atteso dagli infelici assediati. Il sospetto, che l'Inimico fosse a scavare le mine, andava di mano a mano crescendo, dappoichè il continuo picchiare tutt'allora s'udiva; mentrecchè dal vivo della Fortezza una grande quantità di staccate pietre non cessavano di rovinare giù nel fosso.

Più orrendo facevasi il timore, più che pareva che si avvicinasse l'ora d'essere mandati in aria e sepolti vivi, senza potere morire o salvarsi combattendo.

Nel venerdì, l'8 di giugno, venne il Commendatore di Corneto Fra Giovanni Vitello Vitelleschi spedito da St. Elmo al Gran Maestro, essendo portatore della seguente lettera, che fu sottoscritta da cinquanta Cavalieri.

"Illustrissimo e Reverendmo. Monsignore.

"Giunta, che fu quì l'armata Turchesca; V. S.
"Illustrissima comandò à tutti i Cavalieri, che quì ci

"troviamo, che dovessimo venire à difendere questa
"Fortezza. Il che s'accettò con grandissimo animo.
"E così s'è fatto fin'hora tutto il possibile & anco qualche
"cosa d'auantaggio; come crediamo, che V. S. Illustris-
"sima sia informata ; non perdonando nè à fatica, nè à
"pericolo alcuno; fin tanto che gl'Inimici con le gran
"forze loro ci hanno ridotti a termini tali, che signoreg-
"giando questa Fortezza, già non possiamo più offen-
"dergli, nè difenderci; atteso che tengono la contrascarpa
"ed il fosso ; hauendo fatta una scala nella fabrica di
"queste muraglie e posto un ponte in maniera, che
"possono à piacere loro montare e discendere; e v'hanno
"fatta una mina; onde d'hora in hora aspettiamo d'essere
"volati. Oltra di ciò hanno alzato il Rivellino in modo,
"ch'è superiore à tutta la Fortezza sì, che nissuno può
"stare alla difesa, che non sia ammazzato ; nè possiamo
"mettere sentinelle, che ci avvisino di quello che i
"Nemici fanno nel fosso; nè quando montano per darci
"assalto ; e quante sentinelle si sono poste, tante ne
"sono state uccise. E ci hanno ridotti a termini tali
"ch'à pena possiamo stare nella piazza ; la quale ancora
"fra poche hore ci levaranno. Perciocchè già ci hanno
"ammazzati alcuni uomini in essa ; e non habbiamo
"ove ritirarci, se non nella Chiesa. Perilchè i soldati
"stanno disanimati, ed i Capitani loro non possono fargli
"andare alla muraglia ; e tutti stanno a mettersi a
"nuoto, vedendo la perdita manifesta. Pertanto veden-
"doci noi perduti, senza potere far quello, ch'è costume

" de' Cavalieri di questa Religione; ci siamo risoluti,
" caso, che V. S. Illustrissima questa notte all'hora del
" toccare della Ritirata, non ci mandi barche, con le
" quali possiamo ritirarci, di uscire fuori e morire come
" cavalieri. E non pensi di mandarci più soccorso
" alcuno. Perciocchè tanto più si perde. E questa
" è certissima risoluzione di tutti; si come V. S. Illu-
" strissima quì ci vede sottoscritti delle proprie nostre
" mani. Avvertendo V. S. Illustrissima che alla punta
" sono state alcune Galeotte. E con tale fine, a ciò riso-
" luti, le basciamo le mani; e della presente conserviamo
" copia. Da Sant'Elmo à gli otto di Giugno 1565" (1).

Letta che l'ebbe il Gran Maestro, venne assalito dalla più intensa turbazione d'animo. Riprese acremente il Commendatore di Corneto per l'ardire avuto di farsi nunzio di tale disordine, per cui la perdita dello Stato e della Religione sarebbero state a dipendere. Il portatore si scusava con dire, che venendo costretto ad assumere quel messaggio dei già disperati Cavalieri, non l'avrebbe potuto rifiutare senza che avesse cagionato maggiore danno. Allora con dolci parole il Gran Maestro lo esortò perchè volesse recare in risposta a quei Cavalieri, che essendosi eglino di moto proprio risoluti di uscire a farsi volontariamente uccidere, venivano così a contravvenire il voto d'ubbidienza; soggiungendo, che li volesse ammonire, e rappresentare loro, che già che risoluti s'erano di morire, quanto più gloriosa risoluzione sarebbe stata quella, se

(1) Bosio, Tom. 2, Lib. 26, p. 550.

con fortitudine d'animo e con sofferenza degne di Cavalieri, difendendo sino all'ultima goccia di sangue la Fortezza che alla fede ed al loro valore veniva raccomandata, avessero atteso d'essere uccisi e vendere così più tardi che fosse stato possibile le vite loro ai Nemici tanto care. Nel medesimo tempo il Commendatore veniva pure incaricato di dire loro, che, il prolungare quella difesa, importava altamente alla Religione, ed alla Cristiana Repubblica; e che il Gran Maestro gli assicurava sul suo onore di avere avuto nuove che il soccorso sarebbe giunto fra breve; ed infine che la perdita di St. Elmo avrebbe tolto la speranza di poterne mai avere.

Partito adunque il Commendatore di Corneto, il Gran Maestro fe' convocare il Consiglio, quando fu risoluto che si spedissero tre Commissionarj a St. Elmo, per l'oggetto di esaminare lo stato di questa Fortezza e darne subito relazione. All'arrivo di tale commissione, che veniva composta del Commendatore Fra Ruiz de Medina, di Frat'Antonio Flotta, e di Don Costantino Castriota, figlio del Marchese di Tripalda del Regno di Napoli, i Cavalieri già erano in sull'abbandonare quella Fortezza, avendo supposto che la risposta del Commendatore di Corneto sarebbe stata favorevole. Seguì un qualche scompiglio. Gli assediati ritenere seco vollero i Commissionarj. Rilasciando due di loro, Don Costantino Castriota veniva trattenuto; ma finalmente a forza di preghiere ed esortazioni subito dopo lo rilasciarono, cosicchè se ne ritornò al Borgo. Fu verso notte fatta che quelli si appressavano al Gran Maestro ed al Consiglio, riferendo quanto avevano osservato ed udito. I primi due, cioè Fra Ruiz de Medina, e Frate Antonio Flotta, sottomisero che la Fortezza si trovava ridotta ad uno stato disperato, mentre che Don Costantino Castriota, replicando quanto già aveva detto agli assediati, si offeriva liberamente che con sei cento uomini freschi gli bastava l'animo di difenderla ancora per molti giorni.

Tale offerta piacque sommamente al Gran Maestro, talchè si disponeva a prevalersene, riconoscendola quale vera via per prolungare la difesa di St. Elmo. L'Ammiraglio Fra Pietro di Monte, benchè fosse vecchio, si esibiva d'andare a finire quivi onoratamente i pochi giorni che gli rimanevano.

La risoluzione del Consiglio venne rimessa al susseguente giorno. Il Gran Maestro chiamato a sè il Castriota, gli disse in pubblico, che avrebbe fatto accettare l'offerta sua, mandandolo con ogni autorità al governo ed alla difesa di St. Elmo; e nello stesso tempo lo avvertiva che molti altri Cavalieri facevangli istanza d'andarvi pure, offerendo generosamente le loro vite. Ciò fu subito inteso a St. Elmo per mezzo de' nuotatori che andavano e venivano di solito.

L'astuzia e la destrezza di La Valette operarono in guisa che diversi di quelli che avevano sottoscritto la cennata lettera dell' 8 di giugno, gli scrivessero altre lettere, dimostrando che venendo ad uscire da St. Elmo, sarebbero marcati quali codardi e disubbidienti; e che se a nuovi difensori fosse mai riuscito di prolungare la difesa sino all'arrivo di Don Garcia, quei che abbandonato l'avessero, avrebbero avuto la vita per sempre sfregiata dal disonore.

Avvenne che questo stratagemma riuscisse utilissimo al Gran Maestro, dappoichè eccitò uno stimolo d'onore nei petti di quei Cavalieri, come anche degli altri che seco trovavansi al Borgo, i quali per grazia gli chiedevano che non li volesse risparmiare alla difesa di St. Elmo.

Si tenne Consiglio e l'offerta di Don Castriota fu accettata, e venne quindi risoluto che si mandasse a levare da St. Elmo tutti quei che avessero voluto farne l'abbandono. Il Gran Maestro frattanto inviò al Forte St. Elmo il Commendatore Fra Melchiorre di Monserrat, Cavaliere di Valenza, con due lettere, diretta l'una a tutti i Cavalieri di quel presidio, e l'altra al Maestro di Campo Miranda, ed ambe intese ad isvegliare onore nei petti di quei difensori. Non fuvvi uno in appresso che avesse voluto abbandonare il suo posto. Tutti concordemente e con risolutezza protestavano di volere correre il medesimo rischio. Fu unanime loro risposta di essere pronti e determinati di continuare la difesa del Forte, ed abbisognando lasciarvi la vita per mero servigio della Religione.

Il Commendatore di Monserrat ritornava al Borgo, mentrecchè il Balio Eguaras scriveva al Gran Maestro che i Cavalieri s'erano innoltre risoluti di non tollerare che altri andassero in vece loro alla difesa del Forte. La Valette rimase a ciò contentissimo, talchè la proposta andata del Castriota venne revocata. Frattanto furono spediti in soccorso: parte della gente ch'era stata allora assoldata (1); la metà della compagnia, già condotta dal Cavaliere Frat'Asdrubale dei Medici, col suo alfiere Orazio Martelli, Gentiluomo Fiorentino, ed anche da quindici Cavalieri che si esibivano di moto proprio e con grande contento del Gran Maestro. Questi vi rimandò il Commendatore Monserrat per lodare l'ubbidienza, e ringraziare la generosa risoluzione di quei bravi guerrieri. Nel medesimo tempo vi si recò pure il Frate Cappuccino, Fra Roberto d'Evoli, il quale prima che da colà si fosse staccato affatto, fe' un divoto ed efficace sermone per confermare e rinfrancare gli animi di tutti, consolandoli e confortandoli infine spiritualmente. Dopo che ebbero ricevuto i sacramenti, appariva che questa vita più non istimassero;—tutti ardevano dal desiderio di venire coi Turchi alle mani. Il Commendatore Monserrat fu talmente commosso che diede loro la parola, che, tolta licenza, sarebbe ritornato a combattere e morire fra di loro. Due Ebrei, fatti appena allora Cristiani, vollero rimanere quivi, e morire per la Fede di Cristo.

Il Gran Maestro in questo mentre veniva avvertito che le due Galere, comandate da' Capitani Cornisson e St. Aubin, le quali erano partite per l'oggetto di portare

---

(1) Il Vescovo diocesano Domenico Cubelles prestò quanto era bisogno denari alla Religione onde soccorrere di soldati St. Elmo. Molti concorsero ad arrollarsi, tra i quali un buon numero di forzati Francesi colla promessa della libertà.

Capitolo IV.

il soccorso, fossero qui arrivate, ed andate a sbarcarlo al Migiarro ed a Ghain Toffieha; e poscia sentiva pure che le medesime non potevano riuscire nello sbarco, stante che i Vascelli Nemici le attendevano; e che quindi erano state costrette a ritornarsene in Sicilia coll'animo di restituirsi qui più tardi. Tale nuova travagliò sommamente il Gran Maestro, il quale non ommise di riprendere bruscamente quei due Capitani per non avere procurato lo sbarco; e scrisse a Don Garcia facendolo avvertito dello stato disperato di St. Elmo, rappresentandogli la necessità di avere i mille Fanti già tante fiate richiesti. Don Garcia finalmente risolse di mandare Don Giovanni di Cardona con due Galere della Squadra di Sicilia insieme con le altre due di Cornisson e St. Aubin. Intanto intimò al Maestro di Campo del Terzo (1) di Sicilia, Melchiorre di Robles Pereyra, guerriero pratico, avendo lungamente guerreggiato contro i Turchi, perchè accorresse colla sua compagnia, e s'imbarcasse sulle predette quattro Galere per Malta.

Il Gran Maestro nel giorno di Pentecoste aveva già fatto apparecchiare un'invenzione utilissima per la difesa contro gli assalti dell'Inimico; ed era questa: pigliavansi cerchi da botte od altro legno pieghevole; si legavano ben bene; si coprivano di stoppa; e quindi venivano intinti in un composto bollente, cioè: di pece, morchia, catrame, e resina. Fatta tale operazione appena, venivano

---

(1) Terzo è il nome che nei secoli XVI e XVII si dava ad un corpo di soldati a piedi.

ricoperti di stoppa, e rattuffati dentro il medesimo liquido. E perchè si potessero adoperare, dopo fatti ben bene raffreddare e diseccare, si pigliavano col mezzo di forcine, ed accesi per tutto d'intorno, con ogni destrezza si facevano piombare giù da sulle mura, in quella che gl'Inimici si disponevano all'assalto. Avveniva più volte che gli assedianti ne rimanessero circuiti, e tre assieme il men che fosse; ora restando vittime delle fiamme, ed ora tuffandosi in mare per ispegnere le loro giubbe ed i turbanti.

Il Gran Maestro non potendo riuscire a fare avere i cerchi agli assediati di notte tempo, stanti le diligenze e gli sforzi dell'Inimico per impedire i soccorsi, dovette appigliarsi ad uno stratagemma: fe' appiccare scaramuccia vicino al corpo di guardia di S. Giovanni con grande terrore e stupore degli Inimici. Intanto ei montò sul Baluardo di Provenza, facendo subito spiegare le bandiere, e sparare cannonate alla volta di quel corpo di guardia. A tale scena, gl'Inimici insospettiti, corsero alle sommità dei Colli, guardando il mare d'intorno; e venendo in quella colti da timore che l'armata cristiana fosse in vista, si mossero correndo alla direzione della scaramuccia. Il Gran Maestro prevalendosi di tale propizia circostanza, riuscigli di mandare a St. Elmo per mare il desiderato soccorso. Fatto il segnale di ritirata agli scaramucciatori, si raccolsero e si ridussero a salvamento entro la Città Vecchia. In questa occasione fu preso un Turco, il quale, venendo costretto, confessò la grande mortalità sofferta dagli Inimici nel Rivellino. Dal medesimo si seppe innoltre che si stavano facendo apparecchi per dare l'assalto generale contro St. Elmo.

I Turchi nel canale di Malta, tenevano di notte tempo cento Galere ben armate, subitocchè era loro pervenuta notizia, che in Messina fossero quaranta Galere e molte Navi, e che Don Garcia fosse in sul muovere per Malta. Siccome Pialì Bascià e Draguto erano impegnati allora colle sopradette Galere, Mostafà e l'Agà dei Giannizzeri dovevano attendere all'espugnazione di St. Elmo. Adoprandosi di togliere questo Forte, Mostafà Bascià faceva gettare nei fossi una estesa quantità di brusca frammista a terra, procurando di adattare viemmeglio le scale ai parapetti. Avvedutisi i nostri del disegno, ebbe luogo una sortita, nella quale venne fatto che s'appiccasse fuoco alla brusca. Gli uni e gli altri stettero durante quella notte combattendo. Alcuni dei nostri rimasero soccombenti. Il Gran Maestro in questa ben desolante scena, dubitava non poco che St. Elmo si stesse perdendo. I Barbari per quei cerchi infiammati, giù dalle scale precipitosamente cadevano; talchè furono obbligati di farsi in dietro.

L'indomani, essendo lunedì dell'11 giugno, Mostafà fe' tentare di bel nuovo un altro assalto per tutte le parti d'intorno quel Forte. Giunsero a tanto i Turchi, che mediante funi a crocchi scagliati ed appiccati ai gabbioni di riparo, già, arrampicandosene, erano saliti sopra, piantandovi alcune bandiere. Il Colonnello Mas, avendo caricato un pezzo di ferro, chiamato *Mazzucco*, gli fe' dare fuoco, ed ecco il gabbione, le bandiere, ed i Turchi rovinare giù nei fossi in conquasso. Per il rimanente del giorno i barbari non attesero ad altro che a seppellire i morti, come pure lo stesso veniva fatto dai nostri, mandando intanto i feriti al Borgo donde vi giunsero in soccorso altri Cavalieri e Soldati.

Nel giovedì, il 12 di giugno, i nemici riassaltarono il Forte, ma venendo tirati alla furtiva de' mortaletti per le contrammine, furono costretti di ritirarsi. In questo giorno le artiglierie di St. Angelo fecero buon effetto, fracassando gli ordegni di sette cannoni della Batteria Generale con la morte di uno dei tre figli di Curtogoli già Governatore di Rodi, ed acerrimo nemico della Religione. Si seppe da tre Turchi fatti schiavi che tra l'esercito turchesco fossero delle malattie ed una grave carestia.

Il Commendatore di Monserrat avendo più volte supplicato il Gran Maestro perchè gli volesse concedere di andare a morire in St. Elmo, come già a quei Cavalieri aveva promesso, mercoledì, il 13 di giugno, fu finalmente spedito nella qualità di Governatore di quel Forte, nelle veci del Commendatore Fra Luigi Broglia, vecchio decrepito, trovandosi questi avere compiuto pure il termine del suo Governo.

L'andata in quel Forte del novello Governatore fu cagione d'intensa gioja per tutti quegli assediati. Colà seco ricondusse il Cappuccino, Fra Roberto d'Evoli. Ambi rimasero contenti nel vedere che tutti quei Cavalieri e Soldati, deposto ogni timore, e riconciliatisi con Dio, attendevano l'ultima ora con intrepidezza. E siccome gli assediati non si potevano raccogliere per ascoltare un Sermone, avendo continuamente a combattere di petto a petto gli Inimici, il Divoto Frate con un Crocifisso in mano andava d'intorno quel recinto, facendoglielo baciare con tutta devozione, e confortando tutti, ciascuno nel proprio posto. Gli Inimici intanto facevansi avanti per ogni parte della fronte, adoprandosi di penetrare per la scala già ben agevolata, non che per il capo del Ponte dal Rivellino. Era uopo che gli assediati si tenessero in ginocchioni, non potendo stare in gambe senza venire dalle archibusate nemiche colti di mira ed uccisi. Da quella positura unicamente levavansi, quando avessero avuto da risospingere gli assalti di loro. Nel succitato giorno furono spacciate venticinque sentinelle di seguito. Ciò nonostante a tale vista i nostri non si sbigottivano, anzi altre in vece venivano subito rimpiazzate. Ogni quale volta, i parapetti ne fossero stati lasciati senza, i Turchi potevano liberamente balzare dentro. E la più grande difficoltà che fosse stata mai incontrata, era quella come potere con artifizio allogare le sentinelle in guisa da rimanere illese. Il che vedendo il Frate Cappuccino, ebbe a stare stupefatto; e ritornato essendo al Borgo insieme col Commendatore Broglia, e tanti feriti, non si poteva saziare dal predicare la miracolosa costanza e fortitudine d'animo nei difensori di St. Elmo.

Mostafà Bascià in seguito per mezzo d'un Turco parlando la lingua Italiana invitava gli assediati a rendersi, promettendo loro libertà, che altrimenti avrebbe fatto di loro crudelissimo scempio. Veruna risposta diedero i nostri, ma bensì tutti confermati nella pia risoluzione di morire per la difesa della Santa Fede, ad altro non pensavano che ad affrontare valorosamente gli Inimici. Costoro, ciò malgrado, per tutta quella notte. non fecero alcun movimento, ma sopravvenuta essendo l'alba del giovedì, il 14 di giugno, tiravano furiosamente, radendo i parapetti con grande mortalità de'nostri, tra i quali molti restavano sepolti semivivi sotto le rovine dei propri ripari.

Il Piffero del Capitano Medrano, per mera debolezza d'animo, rifuggì al campo Turchesco, relatando a Mostafà le deliberazioni ed i disegni dei nostri, e dicendo che il Gran Maestro per forza e contro ogni ragione di guerra faceva stare gli assediati alla difesa. Nel medesimo tempo gli suggeriva di fare alzare il Rivellino vieppiù, e di attendere ad impedire i soccorsi, imperciocchè, non essendovi forni, era uopo che si avessero ogni giorno le provvisioni dal Borgo.

Le anzidette circostanze si seppero per mezzo di un Rinnegato Lombardo, di nome Stefano di Castra, il quale s'era riparato nel Borgo. Insomma il Piffero essendosi poscia rifuggito nella Città Vecchia, colla speranza di potere passare alla Sicilia, venne subito ravvisato, ed avendo egli confessato il suo delitto, fu strascinato a coda di cavallo, lapidato, ed a furore di popolo ucciso in quella stessa Città.

Alcuni Giannizzeri essendo guidati dal Negro di cui già si è fatta menzione, presero tre uomini, ed undici donne coi loro figliuoli dalle grotte del Redum dove si trovavano ridotti. Un Maltese intanto se ne fuggì alla Città Vecchia, dando ai nostri avviso dell'avvenuto caso, quando il Commendatore Fra Pietro Antonio Barrese, ed il Capitano Fra Vincenzo Anastagi con la Cavalleria ed alcuni Archibusieri tirarono a quella volta. I Giannizzeri s'erano adagiati a canto di una fontana, rinfrescandosi all'ombra. Il Capo di costoro, s'era invaghito perdutamente di una bellissima donzella Maltese ancora nell'età di quattordici anni. Scoprendo egli la Cavalleria e la Fanteria de'nostri, che alla sua direzione si facevano, e vedendosi allora costretto di dovere abbandonare l'amata preda, vinto da cieco e barbaro furore, la uccise crudelmente, acciocchè altri non mai godere la potesse (1). Ciò commesso appena, s'adoprava di sottrarsi coi suoi, quando otto di costoro rimasero dai nostri uccisi, riuscendo agli altri agevole lo scampo, siccome per l'asprezza della contrada, non potevano oltre venire inseguiti.

L'Agà de' Giannizzeri si mosse fuori delle Trincee, spingendo avanti le sue schiere alla direzione del Forte St. Elmo, per l'oggetto di assaltarlo improvvisamente, sperando che la sua gente potesse bastare per ottenere vittoria. Una cannonata tirata dal Forte St. Angelo, colpì quell'Agà il quale ne rimase sull'istante ucciso; talchè i Giannizzeri ritiratisi, s'accinsero ad eleggerne un altro. Le batterie continuarono a scaricare

(1) Quest'orribile caso porse materia al Cavaliere Ippolito Sans di comporre una leggiadra operetta, in ottava rima castigliana intitolata " la Maltea."

sino a finita notte. Tale avvenimento dell'ucciso Agà, turbò molto l'esercito nemico, quindi nella medesima notte i due Bascià insieme con Draguto e gli altri capi, si riunirono in consiglio, risolvendo di ridurre la Flotta entro il Porto di Marsamuscetto dietro i sospetti intertenuti che l'armata Cattolica fosse in attesa. Fu inoltre deliberato che non si dovesse attendere ad altro se non che all'impresa di terra, dovendosi fare l'ultimo sforzo per ottenere l'espugnazione di St. Elmo. Frattanto come venivano tirate cannonate contra questo Forte, delle pietre e de' sacchetti di fuoco s'andavano pure lanciando contro gl'infelici assediati, i quali per sottrarsi ai micidiali effetti di quei missili, era uopo che si levassero in piedi e corressero a qualche rifugio, nonostantecchè a forza delle artiglierie nemiche veniva loro causato danno infinito.

Fu in ultimo risoluto in quel consiglio che il giorno 16 di giugno, tutti si dovessero preparare per dare l'assalto generale a St. Elmo.

Fatta venire da Marsascirocco tutta l'armata Turchesca, le fu ordinato di sorgere alle due bocche dei Porti, Marsamuscetto ed il Grande, per l'espresso oggetto di assalire il Forte St. Elmo per mare, dovendo agire congiuntamente coll'esercito di terra. Furono uditi i barbari fare le preghiere, mettendo fuori d'ora in ora urli, e voci stravaganti e strane. Poi circa due ore innanzi il giorno, s'udiva una voce ben chiara recitare alcune parole, alle quali l'esercito con voci romoreggianti rispondeva.

Questa era la voce del Delegato del Muftì, il quale dava agli assedianti l'assoluzione, siccome erano in sull'intraprendere l'assalto generale.

Le trincee dell'espugnata contrascarpa furono rinforzate di quattro mila archibusieri, i quali, nelle mire che prendevano, adopravano ogni attenzione possibile, oltrechè studiosamente si prestavano a tutta pazienza. In St. Elmo intanto vennero poste sentinelle all'oggetto di spiare il fumo dei foconi delle artiglierie nemiche, riuscendo così gli assediati a schivare i mortiferi effetti di quelle; perchè alle grida di all'erta, pronti erano ad abbassarsi, e ripararsi alla meglio che si fosse potuto. Tale precauzione quando era a tempo, riusciva utilissima. In ogni assalto generale si vedeva sventolare tra un bizzarro suono di stromenti moreschi, uno stendardo che veniva a precedere gli assalitori, talchè i nostri ad una simile vista potevano antivedere il disegno nemico.

Coloro tra gli assediati che per ferite o per età avanzata erano inabili di combattere, venivano adoprati ad arrecare di mano a mano de' ristori ai combattenti. Di canto ai parapetti erano delle metà di botti segate a bello studio e riempite d'acqua, per l'oggetto di tuffarvisi e liberarsi così dalle fiamme dei propri fuochi artificiati. Questi riuscivano utilissimi, ed erano principalmente di quattro specie: i cerchi, le trombe, le picche, e le pignatte; dei cerchi già si è data la descrizione.

La tromba era fatta d'un legno concavo cilindrico lavorato al torno, della lunghezza di tre palmi, e della grossezza di due, o poco più. Veniva confitta e ben assicurata alla cima di un'asta, empiuta essendo dei seguenti ingredienti: polvere di salnitro non raffinato, sale ammoniaco, zolfo pesto, canfora, pece greca polverizzata, e vernice in grana, ben impastato il tutto coll'olio di lino. Accesa che fosse stata, prendeva fuoco con tale impeto, che vomitando vive e furiose fiamme, era impossibile che si affrontasse.

La picca di fuoco era veramente la picca da combattere; vicino all'estremità dell'arma, si poneva un sacchetto, lungo due palmi in circa, riempito della medesima composizione, cacciando dessa le fiamme in grado minore di quello che le schizzasse la tromba; in ultimo, sparando due tubetti di ferro o pure d'ottone, carichi di polvere e di pallini, cagionavano del danno agli assalitori oltrechè sommamente gli atterrivano.

Le pignatte infine erano composte della stessa materia la quale veniva contenuta dentro vasi di terra malamente cotta perchè fossero vieppiù frangibili; ed erano di tale grossezza, che da un uomo si potevano liberamente adoprare scagliandole accese addosso all'Inimico.

CAPITOLO V.

OLTRE ai fuochi artificiati si usavano dai nostri dei così detti Triboli di ferro, a quattro o cinque punte, venendo sparsi per le breccie, per contendere il passo all'Inimico. Ed in alcuni luoghi pericolosi, si piantavano dei tavoloni ricoperti di chiodi confitti all'insù per servire pure di ostacolo agli assedianti.

Essendo tutti apparecchiati al primo assalto generale contra St. Elmo, dandone il segno, com'erano avvezzi, ora sventolando lo Stendardo Reale, or un pezzo d'artiglieria sparando, ed ora un turbante in alto levando, gridarono tutti, *Halla! Halla!* e con impeto e furore da tutte le parti correndo, con molte bandiere si presentarono ai parapetti. Dopo d'avere gettato fra gli assediati una estesa quantità di sacchetti, veduti furono tanti bravacci stranamente vestiti di pelli d'animali feroci con ale di uccellacci, avendo le teste armate di cuffioni di ferro dorato, i visi contraffatti e sfigurati, ed esibendo diversi caratteri azzurri intagliati sulla pelle. I medesimi erano sino al gomito sbracciati; e con scimitarre in mano, e le targhe imbracciate, si sforzavano di penetrarvi; e trasportati da temerario ardire, vennero dai nostri tutti massacrati sur i parapetti.

Gli assediati dall'altro canto invocavano il glorioso nome di Gesù e di Maria, e l'intercessione di tanti Santi secondo la divozione di ciascheduno. Facevano gagliarda ed intrepida resistenza da tutte le parti, ferendo, abbruciando, e massacrando i Barbari, i quali dal ponte, dalla scala, e dai parapetti s'andavano precipitando giù nei fossi. Non fuvvi uno tra i difensori di St. Elmo che non avesse fatto più che il suo dovere. Non si potrebbe descrivere il valore ed il magnanimo coraggio degli assediati. Fiero ed atroce più d'ogni altro fu questo combattimento, dappoichè era anche necessario di venire alle braccia ed alle pugnalate, a ciò costretti dalla risoluta ed ostinata determinazione di quei Barbari.

Udivasi dal Borgo il tremendo e spaventoso fremito de' combattenti, ed il cozzare delle armi. Scoprivasi finanche il fiero ed accanito assalto. Tale scena diversi effetti negli animi degli spettatori cagionava. Il Gran Maestro intrepido d'animo, faceva tirare cannonate contro gli Inimici là dove maggiore impeto e sforzo fare li vedeva; e scorgendo che sulla punta del Baluardo del Colonnello Mas, erano ascesi parecchi Turchi, fe' dal Castello St. Angelo puntare alla loro volta due pezzi d'artiglieria: il primo tiro sortì fatale, poichè otto de' nostri impegnati in quella pugna caddero vittime; il secondo però riuscì talmente felice, che portò via venti Rais in quella che ostinati si sforzavano l'ingresso. I loro seguaci, inorriditi a questa vista, s'appigliarono ad una presta fuga.

Vari e diversi furono i tentativi susseguenti; i Turchi però sempre venivano risospinti valorosamente. Fra Girolamo Sagra, rimanendo gravemente ferito, fu per Fra Giovan Antonio Grugno surrogato, arrivandovi questi all'uopo con alcuni di soccorso. I Turchi che si trovavano nel Rivellino e nei Fossi, ebbero ad essere ridotti alle strette, mentre che Demetrio Chenault, Servente d'armi della Lingua di Provenza, vi lasciava la vita, dopo d'essersi distinto, combattendo con ingegno e valore.

L'Inimico adoprandosi di entrare nella Fortezza dal Fosso, rimase grandemente danneggiato, non solo dagli archibusieri, ma pure da un pezzo d'artiglieria, tirato dal fianco del Baluardo ove era appostato il Colonnello Mas. Il fianco così detto della Campana, battuto da due pezzi dalla riva del fosso, veniva di mano a mano considerevolmente sfasciato, come lo stesso ancora succedeva alle cortine.

Stimolato da Mostafà e da Draguto, fu rinnovato il fiero assalto, rimanendo l'Inimico di bel nuovo ributtato, con la perdita di sei bandiere. Una di queste fu tolta e lanciata dentro il Forte dal Capitano Gonzalo di Medrano, uccidendo egli stesso l'Alfiere che la portava, quando il valoroso guerriero, venendo colto da un'archibusata, fu steso morto a terra. Il suo cadavere ebbe ad essere, per ordine di La Valette, traslocato alla Chiesa di San Lorenzo nel Borgo, ove con sommo onore gli venne data sepoltura.

In questo combattimento morirono, il Capitano Fra Giovanni Vagnone, ed il Capitano del Galeone Fra Gaspare La Motta; ed il Maestro di Campo Miranda poi rimase ferito; e ciò avvenne appunto in quella che i Nemici venivano vittoriosamente respinti dal ponte, ritirandosi messi in conquasso, e piegando la Reale Bandiera.

I nostri intanto gridavano: *Vittoria! Vittoria! Viva, Viva la Fede di Cristo! Viva San Giovanni!* e sventolavano tutte le Insegne, e con suono di tamburi, con urli e fischiate, beffeggiavano gl'Inimici, i quali rimasti scherniti, altro non rispondevano se non che: *Tacete, tacete, che se non è stato oggi, domani sarà l'ultimo vostro giorno.*

Fatto consapevole il Gran Maestro della vittoria riportata in St. Elmo, se n'andò egli alla Chiesa, rendendone grazie al Signore Iddio.

Tale fausto avvenimento fu purnondimeno ben sanguinoso ai nostri. Parecchi altri Cavalieri succumbettero. Uno di costoro di nome Fra Girolamo Pepe da Napoli, lasciò ricordato che i Turchi sino a questa ultima epoca già avevano sparato contra St. Elmo da 18,000 cannonate. Un altro Cavaliere Fra Giovanni Antonio Morgute, come, essendo ferito, veniva traghettato al Borgo con altri Cavalieri similmente feriti, fu colto da un'archibusata e ne ebbe a morire.

Nell'or cennato combattimento, i soldati che perderono la vita, ammontavano a cento e cinquanta, e ad altrettanti i feriti che vennero rimossi al Borgo.

Il Gran Maestro si determinò di mandarvi in sussidio altri tre cento uomini, e dichiarò un animo che non v'andassero se non tali Cavalieri che si fossero spontaneamente esibiti. Furono da lui sommamente lodati i Cavalieri Napolitani, essendosi offerti quasi dei primi ad andarvi; all'esempio de' quali diversi altri fecero lo stesso. Ne vennero prescelti trenta solamente, i quali furono colà tragittati insieme colla Compagnia del Capitano Fra Lorenzo di Beaulieu, Cavaliere della Lingua d'Alvergna, e con due grosse squadre delle due Compagnie degli uomini del Borgo. In questo frattempo fu ordinato al Maresciallo Couppier di fare una sortita per divertire gli archibusieri Nemici, i quali si erano segnatamente appostati alle ripe di contro al Forte St. Elmo, cercando a bella posta di molestare e sturbare il soccorso che quivi s'inviava.

I Turchi avendo tenuto consiglio, tutti convenivano che St. Elmo stanti tre cagioni non poteva nel precedente giorno essere stato espugnato: vale a dire, per il pezzo d'artiglieria che nel fianco destro della fronte tuttavia s'adoprava; per il danno che dalle cannonate di St. Angelo si riceveva; e per i continui soccorsi che si avevano. Quindi fu risoluto che si dovesse attendere alla rimozione di tai tre ostacoli. Nel mattino di lunedì il 18 di giugno, Mostafà Bascià, suo figlio il primogenito, Draguto, e Soli Agà Sangiacbei e Maestro di Campo dell'Esercito, essendo andati insieme con gli Ingegneri, a riconoscere ciò che per la divisata intenzione fare si dovesse, entrarono nelle Trincee della contrascarpa opposta al fianco dove i nostri ancora si valevano del cennato pezzo d'artiglieria. E come si adopravano di ritrovare un posto adatto perchè, collocandovi altri cannoni, si potesse riuscire ad imboccare il sopraddetto pezzo de' nostri, una cannonata sparata opportunamente dal Cavaliero del Castello St. Angelo, cogliendo la Trincea, e schiantare facendone diverse pietre, Draguto ne venne da una colpito nel capo verso l'orecchio destro; sputò sangue; e perdè la parola (1). Mostafà Bascià lo fe' trasportare al padiglione di lui, facendolo coprire, ed imponendone stretto silenzio; ciò non per tanto l'avvenimento fu dai nostri risaputo per mezzo di Rinnegati, i

(1) La punta di Draguto (in oggi pure addimandata di Tignè) ritrasse quel nome dietrocchè quel Bascià v'aveva fatto piantare le quattro colubrine già sopraccennate. Vedi Bosio, vol. 2, lib. 26, pag. 539 A.— V. Monumens des Grands Maîtres, t. 2, p. 78, per il Visconte L. F. de Villeneuve-Bargemont. — V. Histoire des Chevaliers Hospitaliers &c. t. 3, p. 458, dell'Abate de Vertot. — V. Histoire des Chevaliers de l'Ordre de St. Jean, par J. Baudoin, L. XVII, pag. 510.— V. Histoire des Chevaliers &c. par P. Boyssat, vol. II, p. 848.— V. Disegni dell'Assedio del 1565 dipinti nella Gran Sala del Palazzo di Malta per Matteo Peres d'Aleccio, ed intagliati per Antonio Francesco Lucini da Firense. N.B. alla lettera H del disegno rappresentante la presa di St Elmo, vedrassi la figura di Draguto nell'atto che fu ferito.

quali con parole velate erano soliti avvertire i nostri di tutti i casi che occorrevano nel campo Nemico.

 Un altro colpo tirato da St. Angelo uccise Soli Agà. Vennero collocati altri quattro cannoni sopra un bastione nuovamente innalzato, malgradocchè l'Inimico fosse stato tormentato dalle artiglierie de'nostri. In seguito eressero un grosso riparo per stare in sicuro dalle cannonate di St. Angelo; e più tardi misero mano ad una opera che fu causa della perdita di St. Elmo, cioè una strada coperta dietro alle Trincee della contrascarpa della fronte, mediante la quale riuscirono d'innoltrarsi sino al lido opposto alla Renella e col fosso attiguo. Il Cavaliere Fra Giovanni Antonio Grugno dalla vetta del Cavaliero di St. Elmo uccise con una cannonata il Capo Maestro delle Artiglierie Turchesche; ma subito dopo questo avvenimento, ei fu ferito, e tragittato con altri al Borgo; talchè il governo di quel Cavaliero venne devoluto a Fra Fortugno Escudero, Cavaliere di Navarra. Una furia di artiglierie Nemiche fu scatenata contro l'orecchione del fianco ed il Cavaliero. Per mera disgrazia il molino da polvere di questo Forte, prendendo fuoco, saltò in aria, e causò la morte a dieci uomini, fra i quali erano: Fra Scipione d'Urrè, Servente d'armi della Lingua di Provenza; Sigismondo Farrugia, ed Alessandro Ciprioto, Maestro Bombardiere.

 Questa malaugurata catastrofe fu cagione d'allegrezza somma tra gl'Inimici, supponendo che tutta la polvere fosse stata rimasta preda del fuoco, ma venne fortunatamente verificato che la quantità perduta non era più di due quintali.

Le quattro Galere sopraddette che il Vice Re di Sicilia doveva qui mandare col piccolo soccorso, si trovarono finalmente, prima della mezza notte, ricorrendo il 19 di giugno, vicino al Migiarro. Don Giovanni di Cardona che ne aveva avuto l'incarico, non volendo disubbidire l'ordine di Don Garcia, spedì un soldato della Compagnia del Robles a terra, onde accertarsi conformemente alle istruzioni avute, se la Città Vecchia o St. Elmo fosse stato espugnato; poichè in questo evento non doveva sbarcare la gente affatto. In risposta ebbe perchè volesse sbarcare senza alcuno indugio il soccorso. Il mare s'era siffattamente sconvolto ed ingrossato che il messo fu costretto di ritornarsene a terra, e riportarsi alla Città Vecchia, ove con una guida maltese era stato condotto, lasciando intanto la fregatina nascosa fra le rocche. Fe' intendere quindi al Commendatore Mesquita, che Don Giovanni di Cardona, l'avrebbe atteso per ore ventiquattro solamente, volteggiando in questo mare; e se talora non si fosse entro tale termine placato, sarebbe quegli andato e rimasto a Pozzallo in sua attesa. Tale frangente fu fatto noto al Gran Maestro il quale ne rimase sommamente afflitto, dappoichè considerava essere di molto prossima la perdita di St. Elmo, di maniera che ciò posto, non avrebbe potuto talora avere alcun altro soccorso. Fra Esprit de Brunifay Quincy, Cavaliere della Lingua e del Priorato di Francia, fu dal Gran

Maestro immantinente spedito in cerca delle Galere con ordine espresso di passare a Pozzallo, laddove non le avesse incontrate; e di fare in modo quindi, che se ne sbarcasse la gente in qualche luogo sicuro.

Ciò fu diligentemente eseguito, ma tornò vano, dappoichè non riuscì al Quincy di ritrovarle, recandosi, finanche al Gozo in traccia di qualche informazione, ove, per causa di avversi venti, fu obbligato di trattenersi per ben tre giorni, e prima ancora che avesse potuto affatto proseguire a Pozzallo.

Non era possibile che il ponte avesse potuto essere distrutto. I Nemici d'altronde sforzavansi ad imboccare il fianco destro della fronte, e l'orecchione, per potersi liberare da quel pezzo d'artiglieria che tanto li travagliava. Non cessarono di tirare contro St. Elmo fintantocchè non il videro consumato sino alla nuda rocca, facendo altrettanto contro il suo Cavaliero che rovinare del tutto non si poteva stante il suo grosso terrapieno.

Il Cavaliere Fra Ramon Fortuyn, venne intanto spedito al Forte St. Elmo all'oggetto di riconoscere il vero stato delle cose, quando fugli detto che tutti i difensori stavano di animo forte e risoluti di morire in difesa della S. fede. Il Maestro di Campo Miranda faceva sentire al Gran Maestro, per lo stesso Deputato Cavaliere, che ogni soccorso che quivi si fosse mandato sarebbe perduto, e che non pensasse ormai ad inviarvi più gente, dappoichè le cose erano ridotte a questo disperato termine: che la perdita era manifesta e d'assai prossima. Il Miranda in fine consegnò a Fortuyn le bandiere tolte nell'ultimo assalto, perchè in suo nome le presentasse al Cavaliere Fra Don Federico di Toledo, figlio del Vice Re Don Garcia.

Il Gran Maestro pel ragguaglio pervenutogli, ebbe a trovarsi di molto perplesso e travagliato d'animo. Non seppe a che appigliarsi: se dovesse ritirare quel presidio, o lasciarlo a difendere quella piazza più lungamente che si fosse potuto. Frattanto risolse di spedire presso il Miranda, il Cavaliere Boisberton, suo Sotto-Cavallerizzo perchè consultasse siffatto dubbio seco lui. Quegli, insieme coi Capi del presidio conferitosi, mandò a dire al Gran Maestro, che sperava che il benignissimo Dio, avrebbe fatto loro la grazia di potere sostenere un altro assalto, giacchè la gente, per la vittoria ultimamente riportata, appariva tuttora rincorata ed ardita; e nell'evento che le quattro Galere non fossero più tardi col sussidio entrate, erano tutti di sentimento che si facessero ritirare al Borgo.

Il Boisberton nel suo ritorno presso il Gran Maestro, si espose a molto pericolo, sentendosi fischiare per le orecchia le sparategli palle nemiche, da una delle quali rimase ucciso uno de'barcajuoli. Comunicatagli questa risposta, si vedeva chiaramente che la medesima veniva spinta piuttosto da sentimento d'onore che da qualunque ragione di guerra, e quindi non stimò meglio di alterarla. Gl'Inimici avendo condotto a termine la via coperta di cui sopra si è fatta menzione, vi collocarono altri tre pezzi d'artiglieria e cinsero l'adiacente ripa di moschetti e di archibusoni da posta; talchè avvenne che, stando St. Elmo tutto d'intorno cinto strettamente, non fu possibile che gli si prestasse più soccorso, e pertanto dalla festività del Sacratissimo Corpo di Nostro Signore Gesù Cristo in poi, ne rimase fatalmente privo.

Riuscì in questo frangente ad alcuni Turchi, di trincerarsi nel concavo di una breccia prodotta nel Cavaliero dalle quattro colubrine di Draguto, allogate, come già sopraccennato, alla punta opposta, del porto di Marsamuscetto, giacente a fronte di St. Elmo.

Da colà su, luogo ben eminente, si scopriva e comandava non solo la piazza, ma pure tutto quello spazio al Rivellino opposto, dove appunto i nostri erano impegnati nel combattimento del ponte e della scala sopraccennata. Alcuni nella piazza ne venivano uccisi; fu sulle prime supposto che tali archibusate fossero state l'effetto di qualche inavvertenza dei nostri sul Cavaliero. Continuando quelle, ne cadeva morto or questi or quegli; ed avveniva pure che se ne seminasse terrore e confusione fra tutto il presidio. S'avvidero quindi i nostri della cagione del danno che succedeva. Si adoperarono diverse diligenze perchè ne li scacciassero; ma tutto sortiva vano.

Finalmente fu necessario che, malgrado la perdita di alcuni Bombardieri e Soldati, conducessero nella piazza un pezzo d'artiglieria puntandolo contro quel concavo, il che fu cagione che le archibusate cessassero. I Turchi colassù ridotti, con ogni astuzia, ponendo per un momento termine dal travagliare i nostri, rivolsero l'attenzione nell'aprire viemmeglio la breccia col mezzo della pala e della zappa.

Venerdì, il 22 di giugno, si disponevano al secondo assalto generale; per tutto questo giorno e fino pure a notte, attesero a tribolare quanto mai i nostri con artiglierie, talchè costoro ebbero a stare sempre desti ed all'erta. Pensarono di riappiccare fuoco al ponte, per cui un tale Pietro Miraglia, Maltese, se ne offerse con quindici artigiani del Borgo; e riuscendo appena di mettervi fuoco col mezzo di sette picche ardenti, che i nemici se n'accorsero sull'istante; le fiamme furono spente, ed il Miraglia ed i suoi vennero incalzati, e presi di bersaglio con una grandine di saette ed archibusate; laonde alcuni ne rimasero feriti.

CAPITOLO VI.

I NOSTRI prevenuti appena dell'imminente secondo assalto generale, per le consuete bizzarre dimostrazioni dette di sopra, tosto che contro la Fortezza videro venire correndo l'Inimico, lo saettarono di cerchi di fuoco, di pignatte ardenti, di sassate e di archibusate. Ciononostante i Turchi ai parapetti colle bandiere si presentarono, ricorrendo a qualunque mezzo possibile per spingersi nella Fortezza; ma ricevuti allora venendo con trombe e con picche di fuoco artificiato, ed infine con armi in asta, furono rintuzzati e respinti. Questo fiero conflitto durò per ben sei ore, quando i nostri ebbero a combattere da petto a petto con tali di quei che ostinati sprezzavano una morte manifesta. L'assalto intanto venne reiterato con grande spargimento di sangue da ambe le parti.

La vittoria piegava ora a questa ora a quella banda. Molti archibusieri rimpiattati nella breccia del Cavaliero, imberciavano quello che più loro talentasse; ciò seguiva segnatamente al riparo fatto di fronte all'imboccatura del ponte, dov'era mestieri che a mano a mano tutta la forza accorresse. Frattanto sempre valorosamente si vietava l'ingresso all'Inimico. Il Governatore de Monserrat, impavido guerriero, si espose coraggiosamente a tirare una cannonata contro l'apertura della breccia, e sortendo felice effetto, parecchi archibusieri ne furono portati via; laonde per un pezzo non ritornavano a sparare da quell'eminenza, luogo reputato il più formidabile ai Turchi, e dannoso ai nostri. In questa ultima occasione il Monserrat toccò un'archibusata tiratagli da lassù, e fu steso morto a terra, e ciò precisamente seguì nel mentre che attendeva di aggiustare il cannone contro lo stesso luogo.

Il sole era al suo colmo quando fu udita nel Borgo, una lieta voce di *Vittoria! Vittoria!* I Nemici non potendo resistere oltre alle fatiche, ed alla valorosa energia sostenuta dai nostri, furono costretti di battere ritirata.

Dugento degli assediati in questo secondo generale assalto rimasero uccisi. Il Balio Eguaras, il Maestro di Campo Miranda, ed il Colonnello Mas, ebbero ad essere feriti gravemente. Ciò malgrado, venendo medicati alla meglio che si fosse potuto, il Miranda ed il Mas si fecero portare alle poste da combattere, e l'Eguaras rimase in piazza, dando ciascuno, benchè quasi moribondo, tali ordini che in quell'estremo dare si potevano. Animavano e rincoravano ancora quei pochi difensori che stanchi sopravvivevano, e gli esortavano e persuadevano a risolvere di finire questa peregrina vita, imitando gloriosamente i trapassati loro confratelli.

La rapidità delle continue molestie che si ricevevano, non permetteva che tutti i morti venissero ritirati dai parapetti; poi quei che erano allora in vita, si trovavano ridotti ad uno stato da non potersi più reggere in gambe. Era in vero orrido di osservare quei pochi superstiti imbrattati del sangue e del confratello e dell'Inimico.

Gli Ufficiali superiori stimarono spediente dare avviso al Gran Maestro della sanguinosa vittoria riportata; non che dello stato disperatissimo a cui gli infelici assediati trovavansi ridotti. Nella grotta di St. Elmo era una sola barcuccia pel servizio del Tamburino di quella Fortezza, la quale fu tosto spinta alla volta del Borgo per l'effetto sopradetto. Sull'istante venne inseguita da dieci barche nemiche; ma ributtate dalle artiglierie di St. Angelo e da quelle delle Fosse, la barchetta giunse in salvamento al suo destino, quando si chiese un pronto soccorso, e si annunziò che pochissimi vivi rimanevano nel Forte. Nel medesimo tempo fu presa cura che si spedisse a nuoto un uomo al Borgo, onde prevenire talora qualche accidente che avesse potuto sopraggiungere a quella.

Il Gran Maestro ambasciato quanto mai per il ragguaglio avuto, fe' forza a se; e dissimulando l'intenso suo cordoglio, si esternò pubblicamente che i difensori di St. Elmo avessero ottenuto gloriosa vittoria con estesa mortalità dell'Inimico; e manifestò speranza che avrebbe potuto prolungare la difesa di quel Forte sino all'arrivo del soccorso del Vice Re Don Garcia, purchè il Buon Dio gli desse la grazia di poterlo sostenere per altro poco tempo.

Finito ch'egli ebbe di così parlare, provò grandissimo stupore nel vedere molti Cavalieri, Soldati, e Popolo concorrere di buon animo, facendogli volontaria esibizione di se medesimi, e fin'anche istanza perchè venissero spediti in soccorso degli assediati loro fratelli. Ciò malgrado, il prudente La Valette risolse di mandarvi molte provvigioni da guerra, ma poca gente, spedendo il tutto con cinque barche guidate da uomini valorosi e pratici, e cercando nello stesso tempo di proteggerle colle artiglierie. I Nemici ben accorti, se ne avvidero sull'istante, talchè furono quelle bersagliate in guisa che dovettero rinculare e riguadagnare alla meglio il Borgo; ed in quella poco mancò che il Capitano Romegasso, il quale aveva avuto cura di una di quelle barche, non fosse rimasto schiavo. Gli sconsolati difensori di St. Elmo, spettatori di questo avvenimento, disperavano di potere avere più soccorsi. Attendendo ciascuno l'ora di sua manifesta morte, con grande contrizione confessavansi l'un l'altro, e chiedevano perdono al Misericordioso Dio pei loro passati falli, quando pure con tutta divozione si rinconciliavano con Lui, non con altro che abbracciandosi fraternamente e con un sentimento tutto religioso senza allontanare il piede dai parapetti già quasi del tutto ridotti a soqquadro.

Frattanto l'Inimico non cessava di travagliarli or con sacchetti, ed or con sassate, facendo ogni sforzo a sorprenderli. A notte fatta, sulla punta appellata della Campana che guardava verso il Borgo, venne scorto un fuoco; si credè dagli Inimici, che i nostri già ridotti ai termini più disperati, chiedessero qualche soccorso, ma non fuvvi quello messo se non che per essere divenuto il cielo più denso e bujo. Il Gran Maestro struggevasi di dolore e di compassione per i poveri assediati di St. Elmo; non v'era modo che soccorrere li potesse; a moltissime diligenze ricorse; ma invano. Sopraggiunta l'alba del sabato il 23 di giugno, vigilia della Natività del Glorioso San Giovanni Battista, i Turchi già vedevano essersi la vittoria piegata in loro favore: il Forte St. Elmo era da tre giorni privo di ogni sussidio; oltrecchè veniva incessantemente travagliato e stretto al più crudele termine. Era omai impossibile che quella debole forza potesse fare ulteriore resistenza. Frattanto venne dato il terzo assalto generale con le forze dell'Esercito e dell'Armata Navale. I nostri, risoluti di morire combattendo, si provarono più valorosi e gagliardi di quello che l'Inimico mai pensasse. Il primo impeto fu intrepidamente da tutte le parti sostenuto; si combattè per ben quattro ore; l'Inimico venne risospinto valorosamente; ma con orrenda strage da ambe le parti. Gli assediati avevano già consumato tutto il residuo delle munizioni, raccogliendo fin'anche la polvere delle fiasche dei morti fratelli; erano già ridotti al numero di sessanta o poco più; ormai non si potevano difendere che con arme bianca e qualche missile. Dalla breccia del Cavaliero, quei che fermi stavano nei propri ripari, venivano tempestati di archibusate. Fra altri cadde vittima il Maestro di Campo Miranda, il quale morì seduto come combatteva valorosamente con picca in mano, essendo stato inabile a reggersi già stroppio per la ferita che aveva toccata. Il Balio Eguaras, pure ferito, e non potendosi sostenere, fe' per ultima risorsa venire giù parte della gente impegnata sul Cavaliero (1). I Turchi fingendo quindi ritirata, si ritrassero momentaneamente dai parapetti. Finalmente due ore prima del mezzodì, i nostri si ritirarono anche eglino per fasciarsi le ferite, e pigliare qualche ristoro, lasciandosi intanto dietro alcune sentinelle. In questo gli Inimici rinnovarono l'assalto, sforzando entrata da ogni parte d'intorno. Gli Archibusieri della breccia del Cavaliero, si potevano ormai esporre, senza correre alcun rischio; le munizioni dei nostri erano esaurite del tutto. La strage che i Turchi fecero di loro fu atroce e terribile; non vedevano quasi alcuno che potesse loro contendere il passo. Il Cavaliere Fra Francesco Lanfreducci, ferito come era, si ritirò al posto suo della Marina che guardava la Renella, e quivi

---

(1) Il Cavaliero sorgeva a fronte dalla parte del mare.

con una fumata, conforme l'istruzione avuta dal Gran Maestro, fe' il segnale della perdita di St. Elmo. Già più di sei cento cadaveri vedevansi sulla piazza e sui parapetti distesi, non avendo avuto tempo di seppellirne alcuno, tanto in quel giorno che nel precedente. I Turchi levando orribili grida, riassaltarono i parapetti; altro ostacolo non incontravano che quello di uomini spenti e moribondi; in un lampo guadagnarono la Fortezza ed il suo Cavaliero. Dal Borgo furono scorti i vibranti spadoni risplendere, con cui il Cavaliere Fortugno Escudero ed i suoi vendevano ai Nemici tremendi e disperati colpi, forieri della perdita di se stessi e della presa del Cavaliero. Quei pochi infelici massacrati che furono, i Turchi abbatterono lo Stendardo della Religione; e tutte le eminenze di quella lagrimevole Fortezza furono vedute ricoperte delle loro bandiere. Molte eroiche azioni precedettero l'orrendo fine di questi ultimi gloriosi guerrieri. Il Balio Eguaras, benchè vecchio e ferito, armato di alabarda incontrò coraggiosamente i primi Giannizzeri che misero piede sulla piazza; fugli con scimitarra troncato il capo, il quale insieme con altri venendo confitto nelle picche, furono tutti levati in alto e posti alla vista di quei del Borgo. Il Colonnello Mas malgrado che avesse la gamba fratturata, seduto alla sua posta, con uno spadone da due mani menava valorosamente fino a che fu tagliato a brani dall'accanita rabbia dell'Inimico. Fra Paolo Avogadro, Navarrese, correndo animosamente per affrontare l'Inimico, fu ucciso e precipitato nel fosso.

Fu ordine espresso del Bascià che a nissuno dei difensori di St. Elmo dovesse essere risparmiata la vita. Ciò malgrado vennero fatti da venticinque in trenta schiavi inchiusi nove Cavalieri. Venne dato a cinque Maltesi di salvarsi, nuotando di furtivo al Borgo. Entrato che fu Mostafà Bascià in St. Elmo, rimase di molto stupito ed attonito nell'avere considerato l'angustia e la debolezza di quel Forte, non ommettendo di argomentare quanta resistenza e difficoltà gli restava ad incontrare. In ultimo ordinò che si esercitasse ogni crudeltà contro i pochi feriti e affranti che sopravvivevano nella chiesuola: alcuni furono messi a morte al bersaglio delle saette, ed altri, in modo particolare i Cavalieri, furono appesi dai piedi ad un anello di presso alla sopradetta chiesetta, e scotennati vivi, venendo loro squarciato il petto, ed estrattone il cuore. Mostafà Bascià di ciò non contento, fe' pigliare tutti i cadaveri dei Cavalieri che per la divisa potevano essere contraddistinti; e fatti denudare del tutto, furono loro troncati il capo e le mani; ed in disprezzo della Sacra Religione, fu loro incisa sul petto e sulla schiena una Croce; e fatti poi legare assieme sopra certi legni, vennero rovinati nel mare, giudicando egli intanto che la maretta gli avrebbe sospinti, come effettivamente fu, verso quei del Borgo.

In questo Assedio di St. Elmo soccombettero dei nostri milledugento uomini, compresi circa cento e dieci Religiosi dell'Ordine, ai quali la Chiesa in commemorazione d'un siffatto glorioso avvenimento, con ogni ragione celebra sempre mai l'anniversario. I feriti sopravissuti alla difesa di questo Forte, furono in seguito di utilità somma nella difesa specialmente del Borgo e del Forte S. Michele. Tale fu la misera sorte di St. Elmo, dopo trenta sei giorni dall'arrivo dell'Armata Nemica. I Turchi frattanto perderono quattro mila uomini, fra i quali principalmente Draguto Rais Bascià, ossia Re di Tripoli, il quale spirò all'occasione stessa in cui gli si comunicava notizia della espugnazione di St. Elmo. Per la morte di costui, la Cristiana Repubblica fu liberata del più acerrimo inimico. Intanto il suo corpo veniva nello stesso giorno di morte, trasferito da Mahmud Bei, figlio del Re d'Algieri, e marito dell'unica figlia dello stesso Draguto, a Tripoli ove ebbe sepoltura; fu succeduto da Vlucci Alì, Calabrese, il quale avutone possesso, si riunì coll'Armata Turchesca in questa Isola.

La presa di St. Elmo non potè essere che di somma allegrezza ai Turchi. I Capitani, esaltandoli del valore spiegato, davano loro a credere che il più duro della impresa fosse stato superato. Piali Bascià entrando superbamente colla Flotta nel Porto di Marsamuscetto, portava le bandiere spiegate, e salutava con artiglierie quella Fortezza. Agì Maxut, seguace di Barbarossa, venne eletto Governatore di St. Elmo. Ei dai venti sette cannoni da cui era stato difeso St. Elmo, non rinvenne che una colubrina sana, colla quale, rimontata che l'ebbe, fe' scaricare nel medesimo dì alcuni tiri contro St. Angelo. Il Gran Maestro il quale dalla finestra del suo palazzo aveva osservato il doloroso avvenimento, non potendo sopportare oltre la vista dello Stendardo Nemico, mutò dimora, trasferendosi nell'Albergo della Lingua di Italia, e più tardi nella casa del Commendatore Fra Luis de Mailloc, suo Maestro di Casa, la quale era più vicina alle comodità del palagio. Quivi per consolare e riconfortare gli animi afflitti dei suoi, congregò un pubblico consiglio, e mostrando la solita serenità di cuore, ragionò in guisa tale che i Cavalieri, i Soldati, ed il Popolo, per le saggie generose parole dette, si sentirono rincorare e riconfermare in coraggio. Furono creati quattro Capitani d'Arme per provvedere viemmeglio alla sicurezza e difesa del Borgo e dell'Isola di S. Michele: cioè il Priore di Champagna, Fra Giovanni d'Audibert; il Balio dell'Aquila, Fra Pietro Felizes; il Commendatore Fra Francesco de Medina, ed il Generale delle Galere, Fra Pietro de Gioù. Ciascuno di costoro ebbe per continui seguaci ed assistenti dieci Cavalieri. Nello stesso tempo vennero eletti tre Sergenti Maggiori. Il Gran Maestro nel 23 giugno scrisse dal Borgo al Commendatore Mesquita, Capitano d'Armi della Città Notabile, comunicandogli fra altre cose l'ordine di spedirgli incontanente in soccorso i Capitani di Santa Caterina, di Bircarcara, di Birmiftuh e del Zorrico colle rispettive Compagnie. Date queste disposizioni, il Gran Maestro si recò alla piazza per consolare il popolo, e comandare che si facessero tacere le donne che piangevano i morti di St. Elmo. Frattanto, malgrado l'infausto avvenimento di questo

Forte, ordinò che si facessero le consuete dimostrazioni di gioja in onore della festività del glorioso San Giovanni Battista, protettore di quella Sacra Religione. Lo stesso facevasi dai Turchi, dappoichè portavano molta riverenza verso quel Santo. Talchè la Festa in quell'anno a gara venne tra il musulmano ed il cristiano celebrata.

In questo solenne giorno verso il mattino, la maretta respinse al Borgo di presso all'Arsenale, i corpi fluttuanti de' martiri Cavalieri di St. Elmo; due di loro soltanto venivano riconosciuti, ed erano, Fra Alessandro Sangiorgio, ed il Signor Orazio Martelli già Alfiere del Capitano Asdrubale de' Medici. Il Gran Maestro si portò a vederli, e fattili raccogliere, gli onorò di sepoltura; e quivi voltosi al popolo favellò così: " Fratelli e figliuoli miei!
" Questa spietata e bestiale crudeltà è stata fatta d'ordine
" del Bascià, per ubbidire al comandamento espresso che
" tiene dal Gran Turco di così trattarci; ed altrettanto
" spera e disegna fare di noi: non potendo egli sotto pena
" della testa sua fare altrimenti. E però risolviamoci da
" vero alla difesa ed a morire con l'arme in mano più tosto,
" che d'andare vivi in potere di così atroci, bestiali e
" scelleratissimi Barbari; dai quali, come questa esecuzione
" ci fa certissimi, altro che orrendissimo scempio e crude-
" lissimo strazio sperare non possiamo. E tengo per fermo
" che così risolvendoci, Iddio benignissimo per l'infinita
" pietà, e misericordia sua, ci farà grazia, che con vittoria
" ancora, da barbarissima, e scellerata empietà vendicare
" ci potremo. Perciocchè se ben i peccati nostri meritano,
16

" che adirato Iddio permetta, che si verifichi sopra di
" noi quel profetico detto: — *Per mano de' Nemici mi
" vendicherò de' miei Nemici;* — se pentiti non dimeno,
" delle colpe nostre gli chiederemo perdono; e se spinti
" da zelo dell'onore del suo Santissimo Nome, e della sua
" Santissima Croce, che questi empi, e scelleratissimi
" Barbari così obbrobriosamente scherniscono ci risol-
" veremo di valorosamente combattere, e di difendere
" queste mura per gloria sua e per beneficio della cristiana
" Repubblica; — siate sicurissimi che riguardandoci con
" l'occhio dell'infinita pietà e misericordia sua, ci darà
" tanta forza e vigore, che valorosamente resistere gli
" potremo e che quindi con gloria e fama nostra
" immortale gli scaccieremo, acciocchè questi orgo-
" gliosi e superbissimi Infedeli ritornando nei paesi
" loro, della rovina e dell'esterminio nostro vantare e
" gloriare non si possino; dicendo: *Dove è Iddio
" loro?*"

Tali parole accompagnate da un sembiante tutto magnanimo ed intrepido, fecero sì che gli animi del popolo venissero elettrizzati mirabilmente. La disperazione che non teme il pericolo, partorì nel cuore l'ardire; il timore soggiogato, l'animo e le forze crebbero; e quindi i nostri, irritati dall'empia crudeltà de' Barbari, risolverono di difendersi ostinatamente; e pieni di sdegno ed avidi di vendetta, combatterono con indomito valore.

Dietro uno spettacolo tanto tristo e commovente, La Valette fu veduto lagrimare. Il dolore cedè all' ira, ed alla più giusta indignazione. Fu indispensabile rendere la pariglia all'Infedele, una volta che presso di lui non si accordava quartiere. Fu risoluto che si facessero decapitare tutti i prigionieri Turchi. Delle loro teste furono caricate le artiglierie, ed eccole restituite in campo a Mostafà tutte ancora sanguinolenti.

Il bando del Gran Maestro in cui si ordinava espressamente che i Turchi che fossero stati presi si dovessero fare uccidere, piacque sommamente ad ognuno. Venne disposto che la medesima legge si dovesse osservare strettamente alla Notabile eziandio. Il Commendatore Mesquita, vedendo che in ciò si dava molta soddisfazione al Popolo inferocito verso i Turchi per le empietà commesse su i poveri assediati di St. Elmo, fu del Bando esecutore diligentissimo.

Frattanto il medesimo spedì al Borgo le quattro Compagnie richieste dal Gran Maestro come già accennato. I Turchi in questo mentre stavano occupati a rimuovere i Padiglioni dal Monte Sceberras allo spazio interposto fra la Marsa e Corradino. Venne spedito il Cavaliere Fra Tomaso Coronel presso il Vice Re Don Garcia, perchè gli desse conto della perdita di St. Elmo, e sollecitasse la spedizione dei soccorsi. Il Gran Maestro nel mattino del cennato dì, andò a visitare le mura ed affrettare le opere di fortificazioni che s'andavano innalzando. Nello stesso tempo concesse licenza all'Ammiraglio Fra Pietro di Monte, perchè facesse recidere gli alberi di tre giardini del vicinato, e guastare le cisterne onde non servissero di comodo ai Nemici. Costoro intanto andavano tramutando le artiglierie da St. Elmo al Monte di Corradino, ove già s'apparecchiavano ad erigere Bastioni.

CAPITOLO VII.

Mostafà in questo mezzo inviò un Ambasciatore presso il Gran Maestro, perchè lo invitasse a rendersi: ma venne risoluto in Consiglio, che nè anco si dovesse quello introdurre. Martedì il 26 di giugno, lo stesso Mostafà spinse un altro messo alla Notabile, invitando il Capitano d'Armi a rendersi pure, e promettendo a tutti gli Abitanti vera amicizia, e libertà nella Legge, nell'immunità, e negli antichi e consueti privilegi. In risposta però ebbe che i Cittadini, avendo giurata fedeltà al Gran Maestro, gliela osserverebbero inviolabilmente sino alla morte.

I Turchi ciò malgrado non trascuravano di procedere nell' ostile impresa; dai Bastioni stessi cui St. Elmo venne battuto, scaricavano contro St. Angelo, l'abitato del Borgo, ed il Porto, saettando vieppiù contro lo Sprone dell'Isola di S. Michele, talchè molte donne, e molti fanciulli, non che schiavi infedeli, ne rimanevano soccombenti. E perchè quello Sprone viemaggiormente battuto venisse, piantarono quattro pezzi di artiglieria sopra un altro bastione eretto sul Monte Sceberras precisamente di fronte, in guisa che scortinava tutte le mura della Senglea, e la posta della Burmola. Poi sullo stesso Monte innalzarono un altro bastione di rincontro al Castello St. Angelo, collocandovi cinque cannoni, per cui ambi i lati delle marine del Borgo rimanevano scoperti. Come tali cose si succedevano, l'Inimico con molta prescia lavorava intorno alle Batterie Reali che si andavano facendo sul Monte di Corradino giacente questo a Cavaliero sopra tutto il lato della marina della Senglea. L'Ammiraglio Pietro di Monte, il quale come già pria cennato aveva il governo del Forte S. Michele, contrabbatteva l'Inimico adoprandosi di sturbarlo da quest'ultima impresa. Già l'Esercito Turchesco s'era accampato tra i Monti Corradino, e Santa Margherita, giungendo sino ad un luogo appellato il Belvedere, dove Mostafà aveva fatto piantare il proprio padiglione, stando questo a fronte ed a vista del Borgo. Lo spedale degli infermi rimaneva intanto alla Marsa sotto una buona guardia. Il 28 del mese di giugno, i Turchi occuparono le case della Burmola; assediarono l'Isola della Senglea, e quasi tutta la fronte del Borgo, in maniera tale che i nostri venivano signoreggiati ed offesi dalle loro archibusate. Il Gran Maestro fe' abbattere tutte quelle case che avessero potuto essere state d'impedimento alla difesa; ma sopratutto quelle dalla posta di Castiglia sino all'Infermeria, facendo infine allargare e fortificare le poste d'Alemagna e d'Inghilterra, le quali, come già sopra indicato, sorgevano di fronte al Monte del Salvatore. Nel mattino dello stesso giorno 28 occorse un fatto d'armi prossimamente alla Città Notabile, dove scortasi una pressa di Barbari in quella che andavano cacciando un grosso branco di buoi nel fondo di una valle, settanta cavalli, e sessanta giovani Maltesi archibusieri, ve li sorpresero, li ridussero alle strette, ed ecco che furono obbligati di abbandonare il bottino, attendendo solo a salvarsi la vita alla meglio che avessero potuto. Vennero inseguiti quasi sino alla Marsa, lasciandosi morti dietro venticinque uomini, alcuni de' quali furono atterrati dalla spada del Capitano Barrese, il quale rimase ferito in viso da una saetta, come anche feriti restarono alcuni de'nostri, i quali, ricuperato il bestiame, si ravviarono vittoriosi alla volta della Città.

Don Giovanni di Cardona di cui già si è fatta parola, se ne tornò intanto con le quattro Galere a Pozzallo, dove avendo aspettato invano per due giorni, come convenuto si era, nella speranza di rivedere Giovanni Martinez de Oliventia, sospettava che gl'Inimici lo avessero fatto prigione. Era quindi titubante a che appigliarsi; tenne consiglio; le opinioni furono discrepanti; il Cardona in ultimo si espresse, che, rivedendo le istruzioni, si sarebbe più tardi risoluto a quel che più convenientemente fossegli paruto. Tale determinazione provocò i due Nipoti del Gran Maestro, il Capitano St. Aubin, ed il Cavaliere Salvago a sospettare che il Cardona avesse avuto in secreto qualche altra istruzione dal Vice Re. Frattanto eglino essendo stati forniti di altre ingiunzioni da La Valette stesso, dichiararono che, laddove egli non avesse voluto ritentare lo sbarco, sarebbero positivamente partiti con le loro due Galere. Ciò udito, il Cardona risolse di tentare un'altra fiata lo sbarco, e quindi alla volta di Malta s'incamminò. Giunte essendo le anzidette Galere presso allo scoglio così detto, *La Pietra Negra,* il Cavaliere Fra Rodrigo Cortes capo di una Guardia esistente in quelle adiacenze, faceva tuttora i segnali di sicurezza del che le Galere in parola non erano state punto preavvertite. Accortesene che furono, opinarono che in quelle vicinanze fossero dei Vascelli Nemici; e temendo quindi qualche insidia, si ritrassero a Pozzallo, dove ritrovarono i Cavalieri Quincy e Martinez i quali avevano dal Gozo fatto il tragitto appunto nel medesimo dì in cui fu perduto il Forte St. Elmo.

Ambi tenevano per fermo al Cardona che questo Forte tuttavia si difendesse gagliardamente: circostanza confermata per le lettere del Gran Maestro e del Mesquita, scritte e consegnate già pria che avvenuta fosse l'espugnazione di quel Forte. Il Cardona quindi rilevò che quei segnali erano veramente di sicurezza, e pertanto giovedì il 28 di giugno riprese il cammino verso questa Isola. Avendo il Quincy conferito privatamente con St. Aubin, concertarono assieme il mezzo perchè all'arrivo delle Galere in questa venisse detto al Cardona che il Forte St. Elmo continuasse nella difesa, che altrimenti questi, stante l'ordine avuto da Don Garcia, non avrebbe mai sbarcato il picciolo soccorso. I due Nipoti di La Valette, fatti pur di ciò avvertiti, e conosciuto essendosi l'animo reale del Robles, il quale era veramente risoluto di smontare a terra per prestare soccorso a questa Isola, fu fatto anche egli consapevole dell'occulto disegno. Venne pure convenuto che allorquando il Cardona avesse spinto la fregatina a terra, si dovesse fare in modo che gli venisse nascosta la perdita di St. Elmo. Essendo state prese le opportune diligenze, e date le necessarie disposizioni all'uopo di condurre il soccorso al Borgo, allo spuntare dell'aurora del venerdì, il 29 di giugno, giorno consacrato ai gloriosi Santi Pietro e Paolo, le quattro cennate Galere lo sbarcarono alla *Pietra Negra*, composto di Cavalieri, avventurieri, Soldati e Bombardieri, provveduti tutti delle necessarie munizioni da guerra. Frattanto si voleva che il Cardona avesse avuto in animo di sbarcare assolutamente quel soccorso, malgrado l'istruzione avuta dal Vice Rè pel caso suindicato; e ciò si arguiva da questa circostanza: che allora quando un Marinaro Siciliano gli disse di avere inteso che St. Elmo era stato preso, lo fe' mettere ai ferri, e separare dagli altri. Appena effettuato lo sbarco, il Cardona se ne ritornò in Sicilia con le quattro Galere, venendovi accompagnato dal Cavaliere Salvago il quale aveva avuto l'incarico di sollecitare presso Don Garcia la spedizione del gran soccorso. Il Capitano d'Armi Fra Pietro Mesquita, giunto che fu il soccorso, spedì a *Pietra Negra* il Sotto Cavallerizzo Boisberton in un alla Cavalleria, e ad alcuni animali da soma. Questi giunsero al tempo che il soccorso si era già incamminato alquanto verso alla Città Vecchia, ove gli riuscì di giungere a buon salvamento. Il totale del cennato sussidio ammontava a circa sei cento uomini. Il Gran Maestro ne fu fatto avvertito per mezzo di Bajada, Maltese, all'uopo vestito alla Turchesca perchè non venisse riconosciuto dagli Inimici; somma fu l'ansietà provata da La Valette, sul modo come fare venire al Borgo quel soccorso senza esporlo a pericoli. Avvenne che un tale Filippo Lascari, di nobili natali, e nativo di Patrasso, si sentisse inspirato a riabbracciare la Fede di Cristo, per cui avendo udito la risoluzione presa dal Consiglio che si dovesse assaltare per mare lo sprone dell'Isola, niuna altra occasione migliore di questa incontrare poteva onde giovare la Cristiana Repubblica; quindi nel mattino di sabato, il 30 giugno, discese dal Monte Sceberras alla marina di fronte allo sprone sopradetto, facendo sull'istante segni di mano che gli si mandasse una barca. Il Capitano Fra Francesco de Sanoguera avvedutosene appena, mandò a darne avviso al Gran Maestro. I Turchi frattanto dal Monte Corradino, a tali cenni del Lascari se n'accorsero, e questi senza pensare ad altro, si buttò in mare, e si fe' a nuotare. Fortuna volle che, quando egli già era quasi esausto di forze, venisse soccorso da tre marinari della Galera *S. Gabriello* che gli si erano mossi incontro. Mercè questa pronta assistenza venne condotto a salvamento sotto la Posta dello stesso Capitano Sanoguera, alla Senglea; fu tradotto davanti al Gran Maestro il quale ben volentieri lo accolse ed ascoltò, e siffattamente che gli assegnò vita durante una pensione colla quale, e con una mercede ottenutagli da Sua Maestà Cattolica, visse poscia onoratamente in Napoli. Il Gran Maestro fe'intanto noto l'arcano al Consiglio, e fatti a se chiamare gli Ingegneri, ed altri uomini esperti, consultò il loro giudizio; venne ordinato al Capitano Don Francesco de Sanoguera di attendere precipuamente alla fortificazione della sua posta dello sprone, al terrapieno, ed all'accomodamento alla meglio che si fosse potuto delle nuove muraglie dell'Isola, giacenti di contro a Corradino, con doverne aggiungere infine un'altra la quale in quello stante fu innalzata con pietre commesse a secco. La medesima si estendeva in qualche tratto dallo Sprone sopradetto sino a di rimpetto St. Angelo. Fu innoltre risoluto che si mettesse una palificata in mare, con un riparo, onde così impedire il contatto delle barche nemiche colla terra, cingendone quella parte dell'Isola che si aderge di fronte a Corradino fino all'estremità dello Sprone. Ciò posto, e le barche volendo tentare uno sbarco, sarebbero state costrette di scorrere sino alla punta della Senglea, dove sarebbero state scoperte alle artiglierie del Castello St. Angelo. Fu di questo ottimo rimedio commessa la cura al Capitano Fantone, e a due vecchi Corsali Maltesi, Paolo Micciolo l'uno e Paolo Burlò l'altro; non che al Maestro Costruttore delle Galere Orlando Zabar, parimente Maltese, e uomo di molto ingegno e sagacia, essendo stati i medesimi i primi a proporre un tale progetto. Nella sera precedente la domenica, 1mo. di luglio, fu data mano a questa stupenda opera; non se ne poteva lavorare che solo di notte, causanti le molestie delle archibusate nemiche.

I Turchi si davano molta sollecitudine nella erezione dei Bastioni a Corradino. Frattanto la cennata palificata consisteva in lunghi e grossi legni confitti e sommersi da un mezzo palmo sotto la superficie del mare, nella lontananza dalla terra di circa quindici passi, intervenendo tra l'uno e l'altro palo un tratto di dieci passi ad un di presso; ciascun legno portava a cima un anello conficcato che riceveva le catene ben assicurate alle due estremità, talchè questo lavoro riuscì utilissimo come più tardi si vedrà, essendo stato di grande impedimento perchè le barche nemiche oltrapassassero quei confini.

Il Gran Maestro onde viemmeglio provvedere alla difesa, fe' dalla porta della Posta d'Aragona fino all'altro lato sotto la Posta della Senglea, distendere un'altra catena formata di alberi da Vascelli, bene collegati assieme la quale giugneva a traversare il Porto, e veniva difesa

Capitolo VII.

con alcuni cannoni da ambi gli estremi dove furono eretti ripari di pietre a secco, e piantati rastrelli che sporgevano sul mare in guisa che corrispondevano bene a contendere il passo all'Inimico.

Il Gran Maestro innoltre onde prevenire il dubbio che potesse talora venire assalito per mare dal lato dell'Infermeria e da quello pure delle Poste d'Inghilterra e d'Alemagna, le mura delle quali erano ben deboli, vi fè' fermare di avanti sulle ancore alcuni Bastimenti e Barche, disponendoli in guisa di catena, onde potessero servire così di ostacolo all'accostamento a terra dei Battelli Nemici, venendo di più tale riparo difeso dalle artiglierie del Forte St. Angelo. In nove notti continue tali ottime precauzioni furono condotte a felicissimo termine.

Or il picciolo soccorso, avendo percorso un lungo ed aspro cammino, giunse felicemente alla Renella, donde nella notte del martedì il 3 di luglio s'imbarcò e venne condotto a salvamento al Borgo, quando si trovò essere in numero di Cinque cento e venti una persona. Fra Girolamo di Gravina, Cavaliere Catanese, uomo repleto, ebbe a rimanere in dietro insieme con dodici soldati carichi di valigie; ed avendo smarrito la via caddero in potere dell'Inimico. Fu tale l'allegrezza nello imbarcarsi del picciolo soccorso, che succeduta qualche confusione, l'Inimico se ne accorse dal Monte Sceberras; furongli tirate alcune cannonate le quali fortuna volle che riuscissero di verun sinistro effetto, e ciò mercè l'oscurità di quella notte per cui non v'era mezzo che si fosse potuto aggiustare il tiro. Entrò intanto il soccorso nel Borgo per una cannoniera che era stata scavata nel masso sotto appunto la Posta della Lingua d'Alemagna. In questo istante il Gran Maestro si trovava coricato, portando gli abiti indosso come era suo costume, non essendosi per tutto l'Assedio quando avesse avuto a riposarsi mai svestito; ne ringraziò il Signore Dio sì divotamente che i circostanti lagrimarono dal giubilo provato. Frattanto fu sopra il Castello St. Angelo, fatto il segnale alla Notabile dell'arrivo a salvamento del piccolo soccorso, ed un altro perchè se ne desse subito avviso alla Sicilia. La Valette abbracciò il Maestro di Campo Robles, guerriero riputato, come anche egli si espresse pubblicamente, di alto valore, e di estesa esperienza; accolse con molta amorevolezza i principali signori avventurieri, e tutti i Cavalieri del suo abito, facendo ristorare e bene allogare a tutti.

Sessanta soldati ad un dipresso del menzionato sussidio furono con alcuni Cavalieri lasciati alla Città Notabile onde rinforzarne quel presidio. Mercoledì il 4 di luglio, di buon mattino, per ordine di La Valette, venne somministrato il necessario perchè si provvedesse completamente al vestiario ed altro accessorio de' nuovi venuti, i quali, riposatisi appena, fecero la Rivista di cui il Gran Maestro rimase sommamente soddisfatto. Egli vedendo che i disegni dell'Inimico venivano diretti segnatamente contro l'Isola di S. Michele, volle che il

Maestro di Campo Robles si mettesse alla difesa dell'or cennato luogo, insieme con la Compagnia di lui, e quelle dei Capitani Fra Agostino Ricca e Fra Pietro de Sparviers soprannomato Lussan.

Dell'arrivo del rinforzo Mostafà Bascià seppe per mezzo del predetto Cavaliere Gravina e di quegli altri soldati rimasti schiavi per cui ne restò d'assai conturbato ed afflitto d'animo. Egli fe' al colle del Salvatore marciare l'Esercito perchè si desse mano alla erezione di una batteria contro la Posta di Castiglia.

Il Gran Maestro onde dare ad intendere all'Inimico di essere gagliardamente provveduto di Soldati, ordinò che nel bujo della notte si facesse una gazzarra per tutto il Borgo e l'Isola della Senglea, facendo guarnire le mura di Archibusieri, pel quale giuoco i Nemici rimasero grandemente stupefatti. Il 5 di luglio allo spuntare del giorno la Batteria generale contro il Borgo e S. Michele, fu provveduta di ventisei cannoni compresi due basilischi. I Turchi sopra il Monte di Corradino avevano eretto due bastioni muniti di sei cannoni ed un basilisco; da uno di questi bastioni con quattro cannoni battevano furiosamente in tutto quel giorno il Baluardo di Provenza. Più tardi i medesimi sette pezzi furono puntati contro il Forte S. Michele e la Posta del Capitano Martelli. Quindi da tre bastioni sul Monte Corradino, si tirava promiscuamente di quà e di là, ma sopratutto contro il Cavaliero di S. Michele per fianco, contro diverse Poste della Senglea, ed infine contro quella della Burmola. Poi da altri tre bastioni eretti sul Monte Sceberras, muniti di dodici cannoni, si batteva St. Angelo con grande terrore e danno del minuto popolo. I Nemici essendosi innoltrati per mezzo di trincee sino quasi all'entratura del fosso di S. Michele, si sforzavano di scacciare i nostri riparati dietro le botti di terra piene le quali quivi piantate avevano. Quei che alla difesa del Rivellino stavano intenti, furono alla fine obbligati di ritrarsene, prendendo pria cura di demolirlo. Quegli altri in difesa della bocca del fosso, ebbero a ritirarsi anche eglino, lasciando quel passo libero al Nemico il quale sull'istante vi cresse una grossa trincea.

In somma S. Michele si vedeva già stretto di assedio in guisa tale che era difficile che qualcuno dei nostri si affacciasse senza venire colto a segno ed ucciso. L'Inimico frattanto ebbe la fortuna di gettare un ponte di antenne contro S. Michele.

Parlando ora della Cavalleria, questa, scorrendo animosamente per le campagne d'intorno, riusciva ad afferrare dei Turchi vivi, i quali conforme l'ordine del Gran Maestro venivano subito messi a morte. In questo un altro bastione venendo levato sul Monte Sceberras, si ordinava che tutte quelle case che più esposte se ne trovavano, venissero immantinente diroccate. I Barbari, il 7 di luglio, si fecero a saettare contro il Borgo finanche dall'or cennato bastione. Il Cavaliere Fra Marcantonio Altavilla, uno de'Commissari delle Opere, a cui incombeva di procedere al rovinamento di quelle case, procurò che nelle medesime venisse lasciato lume; l'Inimico diriggendo le sue artiglierie contro di esse, poichè le supponeva abitate, avvenne che senza alcun disagio dei nostri si riuscisse nell'intento dell'ordine sopradetto. Domenica, l'8 di luglio, si udiva il rimbombìo delle artiglierie salutanti l'arrivo di Assan Bascià Re d'Algieri, accompagnato da vent'otto vele. Gli schiavi Turchi, i quali accoppiati ed incatenati lavoravano attorno alla Posta di Castiglia, soffrirono mortalità grande per le artiglierie nemiche ossiano dei loro confratelli; due di loro, avendo levato la voce, per avvertire che non loro si tirasse addosso, ciò dai nostri venne erroneamente interpretato, avendo supposto che gli stessero animando all'assalto ed avvertendo della debolezza di quel luogo; furono quindi presi tutti, ed a furore di popolo lapidati e trascinati per tutto il Borgo d'intorno.

In questo mentre il Gran Maestro si prevaleva della barcuccia che aveva condotto quì Frate Aleramo Parpaglia, Piemontese, nipote del Commendatore Fra Giorgio Vagnone. Scrisse a Don Garcia una lettera nella quale lo esortava a volerlo provvedere di soccorsi, ragguagliandolo nel medesimo tempo dello stato tristo delle cose. Questa lettera spinta al Re Cattolico, fu cagione che Malta venisse più tardi sollevata col generale soccorso.

In Messina frattanto erano poco più di ottanta Galere e molte Navi. Il 27 di giugno quivi giunsero assieme, Giovanni Andrea Doria con la sua Squadra, il

Conte di Leinì, Generale delle Galere del Duca di Savoja, e Jacomo d'Appiano, Signore di Piombino e Generale del Duca di Firenze. I medesimi sbarcaronvi Sei cento Fanti che Papa Pio IV sull'ambasciata di Camillo de' Medici, spediva in sussidio della Religione, venendone Pompeo Colonna, Marchese di Zagarolo, investito del comando.

I Capitani Cornisson, St. Aubin, Salvago, e Coronel facevano calorosa preghiera onde almeno fossero spediti con le due Galere di Malta, conducendo seco i Cavalieri dell'abito e gli avventurieri che da tutte le contrade cristiane erano colà concorsi. Giovanni Andrea Doria, il quale professava alto affetto, ed onore verso il Gran Maestro, ardeva dal desiderio di venire personalmente alla difesa di questa Isola; e di fatti aveva supplicato il Vice Re con molta efficacia perchè gli permettesse di avere la cura di condurre il soccorso del Papa a Malta. Il Vice Re accettò immantinente l'offerta generosa di Giovanni Andrea Doria, e gli intimò di mettersi all'ordine; ma essendogli sembrato che avesse potuto avere di lui bisogno pel gran soccorso, mutò di parere, revocò il decreto, e si risolse quindi che le due Galere della Religione con una altra di Don Giovanni de Sanoguera dovessero partire per quest'Isola assieme. Fu nello stesso tempo ordinato che sulle cennate tre Galere s'imbarcassero, il Capitano Giovanni Francesco Zappata con la sua Compagnia di dugento Spagnuoli, Francesco Lodi Maestro di Campo, e diversi avventurieri che in tutto sommavano a Mille dugento uomini compreso un buon numero di schiavi. Le anzidette

Capitolo VII. 119

Galere in un alla *Capitana* del sopradetto Conte Leinì, il quale si esibì pronto di accompagnarle, nella notte tra il 12 ed il 13 di luglio giunsero alla vicinanza del Forte St. Elmo. Avendo avuto però segnali che si ritirassero, se ne tornarono alla Sicilia. Si voleva che il Gran Maestro rifiutasse un tale sussidio, onde suscitare vieppiù uno stimolo in Don Garcia a sollecitare la spedizione del gran soccorso. La Valette gli aveva di fatto scritto varie lettere sul proposito, mentrecchè molti Cavalieri che erano giunti in Messina lo spingevano e lo importunavano allo stesso effetto. Infrattanto il Vice Re risolse di scrivere al Re Cattolico, facendogli pervenire le lettere del Gran Maestro, e non tralasciando di sollecitare la determinazione per il gran soccorso.

Gli archibusieri Turchi protetti da trincea si erano già accostati alla Posta di Aragona in guisa da poterne cogliere di mira i difensori. Il Cavaliere Fra Diego Garcia Metelin, Aragonese, fu il primo che entro le mura del Borgo fosse stato ucciso. Il Cavaliere Fra Giulio Cesare del Ponte fu anche in appresso ucciso nel Forte St. Michele dalle artiglierie di Corradino. Il 12 di luglio un cannone dell'Inimico crepando, causò la morte a più di quaranta uomini, alla quale catastrofe, della polvere allora vicino incendiando, contribuì di molto. I Turchi in tutto quel giorno avevano cessato il fuoco, quando traspariva che il loro disegno non fosse altro che di assalire i nostri per mare. All'alba del susseguente dì, vennero spediti a nuoto alcuni uomini armati di accette, all'oggetto di rompere la palificata. Fu necessario fare uscire dalla Porta del fianco della Posta del Maestro di Campo, alcuni soldati e marinari de'migliori nuotatori, quasi tutti Maltesi, i quali, armati di spada e di rotella, ignudi, fuorchè il capo protetto di celata, si affidarono al mare, e cacciando quegli Inimici, riuscirono non solo di farli abbandonare l'impresa, ma pure di ucciderne alcuni, e di ferirne altri, incalzandoli infine con indicibile ardire e mirabile destrezza. Il Gran Maestro fe' sì, che tutti i Capitani delle Poste dell'Isola della Senglea avanzassero una requisizione onde avere tutto quel che fosse stato necessario affinchè si potesse viemmeglio fare argine al disegnato assalto. In quell'occasione il Cavaliere Fra Giovanni Otho Bosio fu chiamato in Consiglio; egli benchè tenero in età, aveva purtuttavia qualche cognizione delle matematiche oltre un genio per i disegni militari; sottomise intanto l'utilità che si ricaverebbe trovandosi qualche mezzo per cui si potesse riuscire a traghettare il braccio interposto tra il Borgo e l'Isola di S. Michele, onde in siffatta guisa si potesse viemmeglio correre al soccorso, ovviando quindi all'inconveniente di un malagevole barcone, e di barchette, che fino allora erano stati per il cennato effetto adoperati. Frattanto lo stesso Cavaliere Bosio propose che si devenisse alla costruzione di un ponte, il che approvato, fu eseguito incontanente sotto la cura del Commendatore dell'Arsenale, e del Cavaliere Fra Ramon Fortuyn, Majorchino.

Capitolo VII.

Questi come era occupato a fare distendere il cennato ponte, venne disgraziatamente ferito di una archibusata; fu stimato necessario di fare rinnovare quel ponte, gettandolo tra la marina della Chiesuola di Sant'Andrea (1) nel Borgo, presso al fosso di Sant'Angelo, e l'opposta riva di San Giuliano della Senglea, dove riuscì utilissimo per tutto l'assedio durante. In questo mezzo i Turchi dal Monte Sceberras facevano ogni sforzo per rovinarlo a colpi di artiglieria; ogni tentativo però sortì vano; i nostri lo percorrevano velocemente senza tema di venirne offesi.

Uno dei fianchi del Baluardo della Burmola, che difendeva la Cortina del Maestro di Campo, faceva di molto danno all'inimico; pertanto questo eresse un altro bastione, munito di tre cannoni, sopra il colle a mano destra della fronte di San Michele, al luogo, comunemente appellato, *La Mandra della Signoria* (2). Quindi

---

(1) Die 13 Februarij 1575.
Reverendissimus Dnus Don Petrus Dusina etc.
Visitavit Ecclesiam sub vocabulo Sancti Andreæ, constructam in Burgo seu Civitate Victoriosa prope marinam, quæ dicitur esse de Jurepatronatu Mco. Jcc. Burlò, cujus est Rector D. Nicolaus Burlò Presbyter Melitensis etc.
Ex actibus Visitationis Visitatoris Apostolici Rmi. D. D. Petri Dusina, in Publica Bibliotheca asservatis.
Per l'ansidetto atto emerge che la Chiesuola di S. Andrea esisteva nell'anno 1575 sulla Marina del Borgo ossia della città Vittoriosa.
La medesima non poteva essere stata discosta dal Convento dei Padri Carmelitani, dappoichè questo sorge quasi di fronte alla Chiesuola di S. Giuliano, giacente sulla Marina opposta della Senglea. Nel luogo occupato dal sopradetto convento la Sacra Religione aveva avuto una Chiesa Curata sotto titolo di S. Antonio Abate. Vedi Abela, Lib. 3, Not. IV, Pag. 361.

(2) Sulla collina di questo nome nel 1638, sotto il Magistero di Fra Gio-Paolo Lascaris, ebbe principio la erezione della Fortezza Firenzuola, denominazione ritratta dal Padre Fra Vincenso Maculano da Firenzuola, Domenicano, e poscia eletto Cardinale, fatto qui a bello studio venire onde dirigere tale opera. Questi era celebre ingegnere del Papa. Tale fortificazione intanto venne continuata dal

all'angolo della posta di Don Carlo Ruffo fu innalzato un riparo, onde venissero coperti i suoi che dalla sopradetta batteria della Mandra andavano di assai offesi. L'Isola di San Michele, in questo stato di cose, veniva furiosamente battuta a breccia dal Monte Sceberras, da Coradino, dalla Mandra, e dal Colle di Santa Margherita, e con tale effetto che i Turchi il 14 di Luglio potevano disporsi all'assalto in modo speciale contro le poste di Don Carlo Ruffo e del Maestro di Campo Robles, ed infine contro la fronte del Baluardo della Burmola.

Gran Maestro Perellos, e perfezionata dai Gran Maestri Zondadari e Manoel. Sulla Porta S. Elena per cui dalla Burmola si esce alla Cotonera scorgesi una iscrizione che ricorda questi fatti. Vedi Malta Illustrata, Lib. 1, Not. 1, Pag. 84. Avendo il predetto padre Fra Vincenzo Maculano con diligenza esaminato i siti, venne decretato che si dovessero fortificare le eminenze di Santa Margherita, e della Mandra, con dovere cingere quel lato del Borgo sino alla Senglea, affine di avere l'entrata al Porto libera, che altrimenti non si avrebbe potuto avere alcun soccorso dall' Estero. Insin da molto tempo prima era stata intenzione dell' Ordine di fortificare questi punti, attesocchè dominato una volta il Porto Maggiore, l'Inimico avrebbe impedito ogni soccorso ed affondato quanti vascelli vi si fossero capitati. Vedi Storia della Sacra Religione, per il Commendatore dal Pozzo, Lib. 1, Pag. 29.

CAPITOLO VIII.

I GUASTATORI nemici come erano intenti ad appianare le breccie, venivano di notte tempo sorpresi dalle incamiciate dei nostri. In tali occorrenze gli Spagnuoli del Maestro di Campo seppero segnalarsi, ma sopratutto i Maltesi, ed in ispeciale modo i marinari della Compagnia della Burmola, i quali riuscirono stupendi per la facilità e la destrezza nello scacciare ed incalzare quei guastatori, spiegando nello stesso tempo molto coraggio, ed una tale pratica sicura, che volentieri vi si esibivano, talchè, come si vedrà in appresso, vennero trovati in ciò utilissimi.

Le breccie erano divenute siffattamente larghe, che avrebbero potuto offrire agevole passaggio fin anche ai carri. L'Inimico non cessava dal tormentare gli assediati, col disegno di frapporre ostacoli alla riparazione ed al nettamento di quelle. Ciò malgrado non si stancavano di rattoppare ed assestare i parapetti; ma ciò s'effettuava non senza qualche funesto danno dei nostri.

Altri pezzi d'artiglieria venivano montati sul Monte della Calcara. Le poste di Castiglia, d'Alemagna, e d'Inghilterra furono per alcuni giorni battute. Intanto dai bastioni del Monte Sceberras si saettava furiosamente contro la piattaforma del Castello St. Angelo. Pervenne ai nostri che il loro disegno non era altro se non che di rovinare tanta materia quanto fosse stato mestiere per sepellire le artiglierie della posta del Commendatore Fra Francesco Guiral, la quale, avendo a difendere la catena del Porto delle Galere, sarebbe stata loro dannosissima, allorquando avessero avuto ad assalire lo Sprone per mare, che le si scorge di fronte. In questa occasione si conobbe che le artiglierie, quando dall'alto si tirano al basso, non fanno grande effetto. Diversi altri preparativi dal canto dell'Inimico susseguirono, perchè si arguiva che nel seguente giorno si dovesse e per mare e per terra assalire l'Isola di S. Michele. Già molti barconi e barche si scorgevano nel fondo del Gran Porto verso la Marsa, ove furono di notte tempo alla furtiva intredotti, venendo tragittati per l'entratura dello stesso Porto come anche per mezzo di carrettoni dal Porto di Marsamuscetto. Fu parere del Re d'Algieri che si desse assalto all'Isola di S. Michele tanto per mare quanto per terra. Venne conformemente presa risoluzione in Consiglio, di modo che tutti preparavansi di mettere nel sopravegnente mattino il progetto in esecuzione.

Frattanto le artiglierie dal bastione del Salvatore continuarono a battere le case del Borgo lungo tutta la notte. Il Maestro di Campo Robles udendo le preci dei Ministri della Fede Maomettana, ne rese incontanente il Gran Maestro ragguagliato, affinchè le necessarie disposizioni venissero opportunamente date. Le preci erano recitate nella stessa guisa di quelle che avevano preceduto il primo assalto di St. Elmo.

L'Isola della Senglea fu in questo mezzo provveduta di trenta mila pignatte di fuoco artificiato, e di un buon presidio di Cavalieri, Bombardieri, e di quegli Uomini risanati dalle ferite che avevano riportate a St. Elmo, già ben esperti e pratici nel maneggio di missili ardenti. Nel medesimo tempo furonvi spediti eziandio quasi tutti i guastatori accompagnati dalla maestranza; e durante la notte furono riparati e rinforzati i parapetti. L'Ammiraglio ed il Maestro di Campo si recarono a visitare tutte le poste entro il circuito della Senglea, dando quegli ordini e provvedimenti all'uopo necessari. Fu intanto ingiunto che si aprisse una troniera allo Sprone per la difesa della breccia della posta dei Siciliani, e per potere quindi con un pezzo d'artiglieria affrontare quelle barche Nemiche che avessero tentato di accostarsi alla terra. Ciò pur non di meno la troniera non poteva essere compiuta, stante le molestie che continuamente si avevano dalle artiglierie Nemiche. I guastatori talvolta atterriti, abbandonando l'impresa, si davano alla fuga. E quantunque i Maltesi si fossero talora mostrati timidi, ciò avveniva, come è naturale nel cominciamento delle ostilità, dappoichè in seguito diventarono tanto animosi ed arditi, che perfino le donne ed i fanciulli prestarono durante tutto l'assedio ajuti ben grandi ed utilissimi.

Avendo l'Ammiraglio di Monte distribuito i Cavalieri Italiani nelle poste da difendere, sottoponendoli agli ordini immediati del Maestro di Campo, tutti quanti si concentrarono nella Chiesuola di S. Giuliano, ove con somma divozione riceverono i Sagramenti.

Le breccie essendo state riconosciute pericolose per il caso di qualche assalto, i difensori furono costretti di sdrajarsi dietro i rispettivi parapetti. Fu intanto mestieri crescere il numero dei Cavalieri, rinforzandolo di altri di diverse nazioni.

Il Gran Maestro, preoccupato delle cose guerresche, non seppe conciliarsi il sonno durante tutta la notte; due ore prima del fare del giorno, fe', per mezzo di una campana esistente allora sulla piazza del Borgo, dare l'allarme. I Tamburini tutti si svegliarono. La campana di S. Michele tosto vi rispondeva. A tali suoni, ognuno levossi, ed eccoli in ordine per combattere. Il magnanimo La Valette, armatosi, comparve sulla piazza seguito dai Capitani di soccorso e dagli Agozini Reali. I difensori si facevano intanto stare quatti nelle piazze coperte e dietro ai parapetti, mentrecchè spesse e vigili sentinelle andavano dappertutto spiando le mosse dell'Inimico. Toccato che ebbero l'allarme, e i Turchi accortisene, da tutti i bastioni ripigliarono a bersagliare quanto mai i nostri. Venne sul Monte Coradino piantato un padiglione rosso, perchè Mostafà potesse osservare comodamente e l'uno e l'altro assalto. Gli assalitori da mare venendo trascelti, ed ammontando a tre mila, furongli condotti d'innanzi; fece loro una esortazione, animandoli ed accendendoli all'assalto. Parve a Mostafà commettere l'incarico di Capitano Generale dell'assalto marittimo al Luogotenente del Re di Algieri, Vlucciali Candelizza, stimato per uomo risoluto intrepido e di alto valore.

Molte barche e barconi furono messi in assetto dietro quel lato di Coradino stante di fronte al Monte Sceberras, venendo in quella guerniti degli opportuni ripari per la protezione dell'imbarcata gente, ed adorni pure di bandiere vagamente colorite. Il Re d'Algieri e Candelizza presero determinazione che all'alba di domenica il 15 di luglio, al segno di una cannonata dalla Mandra, corrisposta con un'altra dal Monte Coradino, si dovessero muovere all'assalto. Fatti appena i sopradetti convenuti avvisi, si vedevano spiccare dal cennato lido di Corradino, tre Brigantini, una Fregata, (che il Capitano St. Aubin aveva perduta, essendo di ritorno dalla Barbaria), ed una estesa quantità di legni minuti, i quali superbamente andavano ingombrando questo spazioso Porto. Furono quindi per tre volte consecutive udite le alte grida di *Allah!* I maomettani invocavano il nome del

Signore Iddio. Vlucciali Candelizza era montato sopra un piccolo caicco onde in tale guisa potesse viemmeglio scorrere d'intorno, dando quelle disposizioni necessarie col mero cenno di una banderuola ch'egli stesso agitava. Molti Papassi e Santoni che per mero voto andavano ad esporsi la vita, formavano la vanguardia; erano molto stranamente vestiti: portavano certi cappellacci verdi, tenevano libri aperti, e cantavano imprecazioni contro i Cristiani. Gli altri legni facevano loro codazzo, mentre molti e vari strumenti moreschi rendevano la più fantastica melodia. A questa tremenda vista, le campane con grande fracasso romoreggiavano confusamente col fragore dei Tamburi. Il Commendatore Fra Giovanni de Acugna fe' sparare dal Castello St. Angelo molte cannonate loro addosso, quando pure le artiglierie dei Mulini e del fianco della Burmola toglievano ad agire. Non mancavano di produrre il loro effetto; ciò malgrado i legni nemici riuscirono ad investire il riparo della catena; però non v'era modo che il rovinassero per quante diligenze avessero adoperate. La palificata era sì gagliardamente fitta e rassodata, che svellere e muovere non si poteva. I Turchi si appigliarono alle accette, alle mannaje, ed alle mazze, onde abbattere le antenne, ma tutto tornò vano. In tale stato disperato furono costretti di scorrere lungo la catena, e di tentare lo sbarco alla punta dello Sprone che era il termine della cennata palizzata. Quivi, appena spiccato quel promontorio, si trovarono di orribile bersaglio al Rivellino del Castello St. Angelo, che aveva a

Capitolo VIII.

guardare la gran catena del Porto delle Galere. Il Commendatore Guiral Capitano di quella Posta, facendo scaricare ben opportunamente le sue artiglierie, sbaragliava una buona porzione della flottiglia nemica, affondando alla prima giunta quattro barconi, ed uccidendo un esteso numero di quella soldatesca. I Nemici, spronati da Vlucciali, spingevansi avanti. I nostri stavano intenti a sollecitare la ricarica. Fortuna volle che due cannoni rimanessero caricati, per mezzo dei quali il Capitano Guiral riuscì ad affondare la sopradetta Fregata, ed altre barche. Ciò nonostante i Turchi balzarono a terra in numero estesissimo, che lo Sprone era in pericolo di cadere nelle loro mani. Due disgrazie in questo mentre occorrevano. Un soldato non bene pratico al maneggio delle pignatte infocate, essendogliene crepata una, e, correndo spaventato, s'accostò al mucchio di quelle, quando avvenne che molte s'accendessero con danno fatale degli assediati. Questo accidente porse un ottimo mezzo ai Nemici di ascendere e piantare sette bandiere sopra i Gabbioni terrapienati, giacenti a fronte dello Sprone, favoriti venendo dall'oscurità causata per il grosso e spesso fumo uscito da quelle infiammate pignatte. Da esso partorì il secondo, e fu: il Capitano de Sanoguera alla vista delle nemiche insegne, seguito da altri, con sommo ardire montò sur i parapetti, affrontando e ributtando gli assalitori. In questo ei cadeva morto da una archibusata, quando e dai Turchi e dai Cristiani fu vicendevolmente afferrato e contrastato.

I Nemici s'adoperavano vivamente di portarlo via tale quale era cadavere, mentre i nostri erano ansiosi di dargli onorata sepoltura.

In cotesto accanito contrasto i Turchi furono soccombenti, talchè il corpo del Capitano rimase in potere dei nostri, afflitti sommamente per la perdita di tanto uomo valoroso. Facendosi ognora più fieri, già cominciavano a salire sur i parapetti, ma le artiglierie del Guiral pentire di assai li fece, avendone portati via molti, ed altri fatti precipitare giù dai parapetti. Frattanto si volsero contro le poste di Don Costantino e de'Siciliani, dove, dalle offese de'nostri più coperti rimanevano. Quivi rinnovarono l'assalto, facendo ogni estremo impeto per risospingere i difensori. Molti Cavalieri ed i migliori soldati furono uccisi, sicchè gli altri già davano in dietro. Ciascuno rifletteva sull' imminente pericolo. I giovanetti e fanciulli della Senglea, armati di frombole, si mettevano coraggiosamente avanti onde respingere le barche nemiche (1). Il Gran Maestro e l'Ammiraglio già mandavano i soccorsi. La gioventù Maltese si diede intrepidamente a caricare addosso agli

---

(1) Il Gran Maestro La Valette nelle istruzioni date a Fra Pietro Boninsegni, all'occasione che lo spediva in qualità di Ambasciatore presso S. M. Cattolica, già dopo riportata vittoria sur i Musulmani, si esprimeva in questi termini:

"Et perchè come sapete si è con effetti visto quanto questi popoli di Malta nel assedio precedente ci habbino giovato che fino alle femmine et figliuoli servimo fidelmente et massime nel riparare le batterie così grande come sogliono essere le Turchesche per le quali ci bisognia essere provvisti di gran numero di guastatori, et che però non ci conviene che li detti popoli che ascenderan al numero di venti millia anime eschi di Malta, consistendo in loro una de maggior forse della difesa di questa Isola &c." *Vedi* Libro delle Bolle di Cancelleria degli anni 1565 al 67; fol. 268, esistente nell'Archivio Pubblico.

assalitori, alzando gridi di: *Soccorso! Vittoria!* In questo frangente buoni effetti si andavano ottenendo. Il Commendatore Frate Oliviero d'Aux detto Bournay si spingeva avanti a capo di alcuni Cavalieri e di una squadra di soldati, mettendosi sulle tracce di quella coraggiosa gioventù; giunsero ben in tempo da potere ajutare la posta dei Siciliani; e cooperandosi a risospingere l'inimico, restò disgraziatamente ferito in varie parti come da valoroso combatteva.

Sopravvenuto il Commendatore Gioù, Generale delle Galere, a capo di un forte presidio di Cavalieri e Soldati, i Turchi, già sopraffatti, disperavano di potervi oramai ottenere entrata. Non si scorgeva altro che uno spaventoso guazzabuglio, prodotto dalla fretta e sollecitudine di scampare; le barche traboccando di gente affondavano, mentre alcuni degli atterriti Barbari, per non sapere nuotare, cadevano vittime del mare. In questo mezzo, Fra Giorgio Adorno, Cavaliere Genovese, altri Cavalieri, Soldati e Maltesi s'avventarono addosso quegli Inimici che tuttora rimanevano in terra, azzuffandosi con loro da petto a petto eroicamente. Quivi si esperimentava l'avvantaggio che la spada Cristiana toglieva sulla scimitarra Turchesca, dappoichè essendo lunga giugneva liberamente a trafiggere i Barbari; i quali, d'ogni soccorso privi, chi si lasciava da vile uccidere, altri disperato in mare precipitavasi, e chi, abbandonando l'arme a terra, gridava: *A buona guerra o Cristiani.* L'atroce e barbara crudeltà che a St. Elmo esercitata avevano, inferociva vieppiù i nostri; e ricordandosi del bando del Gran Maestro, ed avidi di vendicare lo spietato massacro dei loro fratelli, gridavano: *Ammazza, pagate St. Elmo*. E così a filo di spada, quinci e quindi menando, gli atterravano coi colpi più stupendi.

Il Cavaliere Fra Federico Sangiorgio, giovanotto imberbe, mosso dalla viva brama di vendicare la morte di suo fratello, uno dei martiri di St. Elmo, s'avventava coraggiosamente in mezzo a quei Barbari, dando prove le più ammirabili del suo valore. Crudelissimo scempio intanto venne fatto di loro; la vita solo a quattro fu serbata dai quali si attendeva ottenere qualche avviso, ma quindi furono anch'eglino messi a morte, venendo incalzati e lapidati per le strade. Molti Turchi riccamente vestiti vennero spogliati dei loro abbigliamenti; loro furono tolti delle belle anzi bellissime scimitarre ed un buon numero di archibusi lavorati in oro ed in argento. Caddero pure sei bandiere nelle mani de'nostri non che cinque scale, ed infine furono anche prese molte barche. I nostri intanto soffrivano non poca uccisione per le artiglierie scaricate contro lo Sprone. Il Cavaliere Fra Don Federico di Toledo, figlio del Vice Re Don Garcia, rimase sfracellato da una palla di cannone. Questo giovanotto, di cuore tutto generoso, e d'assai bramoso di venire in contatto coi Turchi, correva sempre in cerca del pericolo, pieno del desiderio di segnalarsi, e ciò a dispetto dell'espresso volere del Gran Maestro che sempre se lo voleva tenere vicino.

In questa stessa occorrenza, caddero pure vittime: il Cavaliere Fra Don Jaime de Sanoguera ed alcuni soldati che gli stavano di presso, e fu anche ferito mortalmente il Commendatore de Jeuenes F. Francesco Ruiz de Medina, alla quale ferita sopravvivere non potè; e furono infine uccisi e feriti molti altri Cavalieri e Soldati.

Tale fiero conflitto durò forse più di un'ora. Quello di terra poi fu di molto più prolungato. Il Re d'Algieri non sì tosto vide le barche giunte alla palificata, che tantosto fe' il segno d'assalto. Con impeto ed in un tempo le poste di Don Carlo Ruffo, di Frat'Agostino Ricca, del Robles e della Burmola vennero strepitosamente assalite; i Barbari comparivano sur i parapetti; da quivi i nostri facendo valorosa resistenza, si adoperavano arditamente a rintuzzarli.

L'assalto dello Sprone cessato che fu, venne spinto un soccorso al Maestro di Campo il quale non tralasciava mai di animare gli assediati. In questo mezzo il Capuccino Fra Roberto d'Evoli ricomparve con un Crocifisso in mano, rincorando anche egli gli assediati. Il povero buon Frate ebbe disgraziatamente a restare ferito. Duro sarebbe il descrivere la luttuosa scena di questo efferato conflitto: tutto era fuoco, tutto fumo, sangue, e morte. In mezzo allo strepitare delle armi, al cupo fragore delle trombe, facevano eco i fremiti dei combattenti, i gemiti dei moribondi, ed i lamenti dei congiunti.

I nostri d'altronde si sentivano lieti di morire per la Fede di Cristo. I bravi di Algieri ebbero a provare un tristo compenso alla loro audacia, poichè molti rimasero uccisi per certi mortaletti sparati dalla posta del Robles. I moschettieri spagnuoli dal fianco della Burmola, ed un cannone petriero, fecero effetti mirabili.

La posta dello stesso Robles era ridotta al più pericoloso termine; quivi scoppiò l'orribile furore nemico. Frate Alain de Montal detto la Prade, Cavaliere Alvergnasco, molti altri Cavalieri, e soldati, caddero vittime in questo combattimento. I soccorsi intanto vi accorrevano vittoriosamente dallo Sprone della Senglea; riuscirono a ributtare l'Inimico. In questo fatto i cerchi di fuoco produssero ottimi effetti; molti dei bravi di Algieri correvano per immergersi nel mare onde sottrarsi alle fiamme. Lo scempio fu tale che il Re d'Algieri, per non avere il rimorso di perdere il rimanente de' suoi, cedette il luogo all'Agà dei Giannizzeri, il quale spinto pure da Mustafà s'avanzava in persona a capo degli Spahì e del fiore del suo esercito. Nello spazio di sei ore, fu spessissime volte rinnovato l'assalto. La Valette pertanto vi spediva un soccorso composto di truppa ordinaria, e di un esteso numero di Maltesi. I fanciulli e fin'anche le donne, avendo per il fortunato successo dello Sprone deposto ogni timore, spingevansi contro agli Inimici, piovendo loro addosso una foltissima grandine di sassi; e gridavano: *Armi, Armi, (Butta Butta)*. I Turchi ridotti alle strette, risolsero di ritrarsi chetamente. Poco stante, ricorrendo al loro solito, si sfogavano sparando una moltitudine di

Capitolo VIII. 135

cannonate. Circa quarantadue Cavalieri e dugento uomini tra Soldati e Maltesi, rimasero in questa eroica azione soccombenti, non contando i feriti. Furono tolte tre bandiere, le quali, con le altre cinque sopraccennate, vennero dal Gran Maestro presentate in processione alla Chiesa di S. Lorenzo, e quivi, cantato il *Te Deum Laudamus*, si rese grazie al Signore Dio per siffatta segnalata vittoria. In questo primo assalto contro la Senglea, morirono, giusta il comune giudizio, non meno di due mila e cinquecento Turchi.

In riconoscenza del valore in questo giorno dal Robles spiegato, il Gran Maestro gli mandò in dono una bandiera di damasco fregiata d'oro, colla croce bianca in campo rosso.

Nel frattempo fu sopperito alle cariche vacate: Fra Don Francesco de Sanoguera succedè al Cavaliere Fra Stefano de Claramunt, Aragonese, nella qualità duplice di Capitano della Galera *S. Gabriello*, e della posta dello Sprone. Il Governatore dell'Isola di S. Michele, l'Ammiraglio Fra Pietro di Monte, carico dagli anni ed infermo, venne succeduto in quel Governo dal Commendatore Fra Pietro Giustiniano, Patrizio Veneziano.

I Turchi apparivano già smarriti; ma Mostafà, con buone e lusinghiere parole, si adoperava a rincorarli.

Scrisse La Valette nuovamente a Don Garcia, ragguagliandolo dello stato delle cose, e sollecitandolo perchè non indugiasse a fargli avere il soccorso. Antonio Bajada, il coraggioso e pratico Messaggiere Maltese, stante la fuga dello Schiavo del Romegasso, che molto bene' lo conosceva, aveva oramai paura di riesporsi a simili pericoli. Fu uopo che si quadruplicassero le lettere, impiegandosi con grossi doni quattro nuotatori perchè a notte fatta s'innoltrassero a nuoto nella Marsa. Tre di costoro furono sorpresi, catturati, e fatti crudelmente uccidere; l'altro poi ebbe la sorte felice di giungere alla Città Notabile, donde le lettere venendo innoltrate al Gozo, da colà furono spinte alle mani del Vice Re.

Mostafà Bascià s'accingeva a preparare ciò che stimava utile e necessario per l'espugnazione dell'Isola, e del Borgo.

Il 16 di luglio, un ponte di alberi e di antenne fu quasi condotto a termine, venendo gettato contro la posta del Capitano Martelli, nell'Isola della Senglea. L'Inimico eresse una grossa trincea, dietro la quale, riparandosi, lavorava; ed essendogli riuscito di aprire la contrascarpa, e la strada coperta, per mezzo di scale guadagnò il fosso. Già con la zappa e la pala spianava la breccia per agevolare il passo all'assalto. Non vi era modo come potere attraversare i disegni dell'Inimico. A molti spedienti si ricorse; tutto sortiva vano. La Valette voleva che ogni industria e forza possibile si adoperassero onde rovinare quel pericoloso ponte.

Il Commendatore F. Enrico di La Valette, nipote del Gran Maestro, ottenne di trasferirsi all'Isola insieme con gli Ingegneri, ed un buon numero di Cavalieri e di Soldati, all'oggetto di concertare col Robles il migliore modo onde riuscire a levare quel ponte. Venne conchiuso che si dovessero fare calare dal parapetto i due capi di ciascuna gomena in guisa da lasciarne il ponte in mezzo, facendoli scendere al fondo del fosso donde quindi sarebbero stati assieme annodati. Fatta questa operazione, e le gomene venendo ad abbracciare il ponte, a forza di argani e di carrucole si disegnava di sospenderlo in alto e farlo rovinare giù nel fosso. Allora il Commendatore Parisot, tale pure era il suo soprannome, benchè fosse stato dissuaso a non esporsi, entrò pure tuttavia nel fosso, e giunto presso al ponte, spinse avanti alcuni uomini valenti per effettuare l'ardito disegno. Avvenne che i Nemici ve gli scovrissero; e susseguito un fracasso per quelle trincee, furono quei disgraziati barbaramente uccisi. Il Commendatore di La Valette, trovandosi bene armato, si cacciò avanti, determinato di congiungere e fermare i capi delle gomene. Fu anche egli fatalmente sorpreso, e tosto morto in terra cadde; e fugli ucciso d'allato il Cavaliere Fra Francesco de Polastron, detto l'Aillière, Guascone.

Un fiero contrasto susseguì alla crudele morte del giovine La Valette, il cui corpo ebbe a costar ben caro: la vita, e molto sangue a diversi. Venne finalmente fatto che si afferrasse a uncino per una gamba, e si strascinasse dentro con fatica, ed in mezzo a grande pericolo.

Il Gran Maestro, intesa la morte del suo nipote, che d'assai caro gli era, spiegò purnondimeno molta fortezza d'animo; e voltosi ai circostanti, ringraziò il sommo Dio per avere permesso che suo nipote si sperimentasse degno di gloriosa morte; dichiarò che non si dorrebbe meno per la morte di qualunque altro de' suoi Cavalieri, poichè tutti gli erano ugualmente cari; e senza altro proferire, ordinò che al cadavere venisse data sepoltura.

L'opera del ponte non fu discontinuata; i Turchi anzi nel medesimo tempo si appigliarono a scavare la terra per ottenere le mine; e laddove avessero incontrato la rocca, subito si rivolgevano altrove. I nostri dall'altro canto si attenevano a tribolarli col mezzo di vari missili. Rimarchevole fu la destrezza dei Turchi: avveniva bene spesso che le picche che i nostri talora sollevassero, venissero colte di mira e spezzate. Gli assalti venivano il più delle volte ripresi, ora colla perdita di una parte, ed or colla perdita dell'altra.

CAPITOLO IX.

La VALETTE era d'assai ansioso a liberare l'Isola di S. Michele dal sovrastante pericolo del ponte; offerse finanche premi ingenti a chiunque fosse bastato l'animo di rovinarlo.

Fuvvi un bombardiere che animosamente volò al ponte, gettandovi una mistura viscida ed ardente, la quale avrebbe prodotto un ottimo effetto, laddove non fosse avvenuto che l'avverso vento spingeva le fiamme sulla piattaforma. Gli Inimici accortisene, si mossero a sottrarre il ponte da tanto pericolo; e rovesciando il fuoco nel fosso, non che dentro la fortezza, le fiamme si avventarono ai parapetti in guisa sì tenace che non v'era mezzo per annientare l'incendio. I Nemici intanto ne rimasero contentissimi. L'indomani, correndo il 17 di luglio, fortuna volle che si riuscisse per una tromba da sgottare sentine di estinguere il fuoco. Questo infausto incidente, porse agli Inimici il bell'agio a coprire ben bene il ponte di terra bagnata; talchè veniva assicurato dal pericolo del fuoco.

Il Gran Maestro ne fu fatto avvertito; chiamò a se i Capitani Fra Pietro Buoninsegni, e Fra Giovanni de Funes, ambi Soprantendenti agli Ingegneri i quali furono pure chiamati, ed erano: i Maestri Evangelista, e Girolamo Cassar. Questi era stato allievo del primo, e quindi lo succedette; ed erano ambidue Maltesi; ed infine fu anche chiamato Giovan de Fayos soldato Spagnuolo e dilettante d'Ingegneria. Fu loro ordinato di procedere alla Senglea e di adoperarsi insieme col Maestro di Campo Robles ad ottenere la distruzione del ponte. In questa malagevole circostanza, il Maestro Girolamo Cassar spiegò una invenzione di molto ingegnosa ed efficace. Venne concertato e risoluto che si dovesse aprire una troniera per via della quale si avrebbe potuto battere il ponte in mezzo; fu quindi necessario che si pigliassero alcune misure onde pervenire ad accertare la buona riuscita di cotale opera stupenda. Si voleva che tutto seguisse ad un tempo, onde in tale guisa prevenire che il cannone venisse imboccato. Più tardi l'ottimo Ingegnere ricorse al mezzo di una cassa un poco più lunga di sè stesso, ripiena venendo in parte di terra ed in parte d'arbagio, (1) perchè

---

(1) Arbagio ossia albagio, panno lano grossolano.

così non fosse tanto pesante. Venne la medesima collocata sul parapetto, ove, proteggendosene, si stese in positura boccone; di mano a mano riuscigli di spingerla fuori della riva esteriore, mentre dessa veniva sostenuta da gagliarde funi; in questo modo potè agevolmente prendere i necessari misuramenti, e riconoscere l'altezza, il luogo, ed il capo del ponte. La troniera fu acconciamente aperta, e sparato venendo il cannone, due antenne rimasero fracassate, mentre le altre si erano smosse in guisa che spogliatesi dello strato di terra, riusciva ben agevole di appiccarvi fuoco. Il ponte per il resto della notte vigorosamente ardeva. La troniera venne imboccata, cadendovi vittime due Bombardieri e due Ajutanti. I Nemici rinvennero un mezzo di ammorzare in tempo quelle fiamme. Le antenne non giunsero ad essere del tutto consumate; quindi ripostevi altre in luogo delle combuste, il ponte venne rimesso subito. Frattanto la batteria dei nostri rimaneva sfasciata per le cannonate furiosamente saettatele addosso.

Essendo stati alla Città Notabile presi sette Turchi, si seppe da loro che l'Esercito Cattolico si stesse ingrossando e preparando per venire in soccorso di questa Isola. Perveniva anche ai nostri che i Mori e gli Arabi sottoposti al Governo di Tripoli, si fossero ribellati; e che qui tra l'Esercito Nemico prevalessero varie infermità fatali.

Ambasciato sommamente fu La Valette alle angustie del popolo sofferente per la deficienza di acqua.

Questo stato deplorabile provvocava degli eccessi criminosi, i quali però non succedevano impuniti. Venne intanto ordinato che si verificasse la quantità di acqua rimanente. In questo frattempo, correndo il 21 di luglio, si scoprì per misericordia dell'Altissimo una vena di acqua sorgente, la quale, benchè salmastra si trovasse, suppliva comodamente alle esigenze del Popolo.

Tale avvenimento miracoloso fu cagione che i nostri deponessero ogni timore, e che la pace e la concordia tra loro ritornassero.

L'indomani, il 22 di luglio, venendo fermato un Padiglione sopra il colle del Salvatore, i Turchi si diedero a saettare terribilmente contro il Borgo, mentrecchè Mustafà Pascià, a gara con Pialì Comandante in capo della divisione del sopraddetto luogo, assediava l'Isola di S. Michele. Pialì attendeva a battere in breccia la posta di Castiglia, facendo anche tirare contro i fianchi di Alvergna, il Castello St. Angelo, e le poste di Alemagna e di Inghilterra, e contro altri luoghi adjacenti. La batteria di costui era fortificata di venti cannoni, fra i quali erano due morlacchi petrieri e tre basilischi. Talchè, il Borgo e l'Isola della Senglea, venivano infestati da sessanta cannoni e molta artiglieria minuta, oltre che andavano cinti del più stretto e crudele assedio.

La posta di Castiglia riputata la più sicura, avveniva che riuscisse pericolosa altrettanto. I Turchi trovavano il modo a penetrare nel Fosso di Castiglia senza avere ricorso punto all'artiglieria. Già si adopravano a condurre un'alta trincea a traverso dello stesso. Il Gran Maestro travagliato per siffatto pericoloso cammino, si dava molta premura e pena onde riuscire di attraversare l'intento nemico. Fe' condurre due cannoni sulla casamatta, donde poteva comodamente disturbare un tanto pernicioso disegno. Quivi i Barbari sprezzavano la morte; animati da Pialì continuavano il lavoro della trincea. Frattanto rimasero attorno a questa opera undici giorni lavorando assiduamente. Tutta l'industria di Mustafà Pascià e la perizia de'suoi ingegneri erano dall'altro canto impiegate contro l'Isola di S. Michele. Il Maestro di Campo Robles attendeva che i Nemici minassero la sua posta. Egli ed i suoi ingegneri pretendevano che costoro fossero macchinando qualche insidia, come di fatto si avverò. Confermati furono tali sospetti quando dalla posta del Capitano Martelli si scorgeva rovinare nel fosso una grande quantità di pietre e di terra, formandosi in alto mucchio, mentre il loro intento era diretto ad accecare la casamatta del sopradetto Capitano, giacente di fronte alla camicia del cavaliero del Forte S. Michele. Quivi i Turchi riuscirono a farsi strada per la quale penetravano a zappare nelle breccie del cavaliero. Il Maestro di Campo non tralasciava di prevenire gli insidiosi disegni dell'Inimico; sospettava d'assai che si attendesse a brillare il cavaliero.

Correva il 25 luglio ed il soccorso non compariva comecchè atteso fosse in cotesto giorno. Il Gran Maestro vedendo il Popolo afflitto, lo rincorava ed animava, esortando a tutti che si risolvessero oramai a combattere quanto avessero potuto; e che volessero a ciò darsi generosamente: per amore delle madri, delle mogli e dei figli, e per la salute della loro Patria, ed infine per esaltazione e gloria di Nostro Signore Gesù Cristo. Promise frattanto che sarebbe stato tra i primi ad accorrere al più imminente pericolo; — e di fatto perchè a ciò prestarsi di botto potesse, volle fermare stanza nella bottega di un Mercante, giacente sulla medesima piazza.

Siffatto ragionamento non potè essere produttivo che de'più consolanti effetti. Tutto il Popolo si esibiva pronto a spargere il proprio sangue, anzichè cadere nelle mani degli Infedeli. Avvenne che in questi giorni gli Inimici catturassero il Padrone Orlando Magro, Piloto Maltese, essendo allora provveniente dalla Sicilia, munito di ordine espresso di Don Garcia, perchè sbarcasse in questa Isola un tale Giorgio Malvasia, Greco, al quale era stato ingiunto di riconoscere la forza Turchesca e ritornarsene alla Sicilia. Orlando venendo incatenato, fu condotto alle Trincee di fronte alla posta di Provenza; ed essendo stato dai Turchi stimolato e costretto a fare venire avanti il Gran Maestro sotto un pretesto che gli avesse da comunicare oggetti d'importanza, fuvvi spinto il Balio dell'Aquila Felizes, mentrechè La Valette inosservato si cacciava anch'egli innanzi. Orlando avendo narrato la sua disgrazia, e significato che l'Armata Cattolica non poteva prestare alcun soccorso, non consistendo che di cinquanta Galere, soggiungeva molte ragioni perchè i nostri rendere si volessero. A ciò egli veniva forzatamente urtato imperocchè Mustafà volle celare ai nostri che Don Garcia aveva già in pronto due cento e dieci Legni tra grandi e piccoli, notizia ricavata dallo stesso Orlando Magro. Ciò malgrado non si attese punto a questa maliziosa suggestione; anzi venne conculcata con una scarica di archibusate, avendo i nostri sospettato che i Turchi che accompagnavano Orlando avessero voluto riconoscere il fosso. Un tale Stefano dei Marï essendo dalla Spagna tornato a Messina, porgeva la generosa risoluzione di Sua Maestà Cattolica il Re Filippo che Malta dovesse essere sussidiata in conformità al parere del Gran Maestro. Laonde Don Garcia spinse una lettera a costui annunziandogli che fra non guari gli avrebbe spedito dieci o dodici mila Fanti.

Un grido onorato della valorosa difesa che in Malta si faceva, attraeva da ogni contrada cristiana un generoso concorso di molti e vari animosi avventurieri in Messina, onde poi qui venire e soccorrere la Sacra Religione. Il Sommo Pontefice Pio IV concedeva la liberazione di Ascanio della Corgna, Marchese di Castiglione, allora confinato nel Castello St. Angelo di Roma, sull'espressa condizione che dovesse personalmente andare al soccorso di questa Isola. Egli era uno dei più esperti e valorosi guerrieri, e fu in considerazione di questo, che La Valette s'interponeva per sottrarlo da coteste carceri.

I Giannizzeri intanto, in numero di mille, assaltarono

alla non pensata l'Isola di S. Michele, sperando di potere occupare la posta del Maestro di Campo. I soldati di quel presidio, a metà disarmati, e stando in riposo, diedero di piglio alle armi; ed avventatisi contro gli assalitori, riuscirono a risospingerli valorosamente, rimanendo dei nostri moltissimi feriti, oltre trenta uccisi. In questo mentre, l'Agà dei Giannizzeri, non volendo mostrare leggerezza, fe' dare due rimesse impetuose alla posta del Capitano Martelli per il Ponte. Ciò seguiva appunto in quella che si accorreva in soccorso del Robles. Ogni tentativo riusciva infruttuoso, abbenchè il combattimento fosse durato un'ora, e fosse stato indarno appiccato fuoco a certi materassi stipati nei ripari. Ottanta Turchi restarono soccombenti. Il Commendatore Mesquita, avendo stimato necessario di avvertire il Gran Maestro delle insidie che gli Ingegneri Turchi andavano ordendo, il 29 di luglio faceva i consueti segnali di continue fumate. La Valette d'altronde non ne poteva attignere l'intento. Il Mesquita non sapeva adoprare altri mezzi per comunicargli l'animo suo. Non vi era modo che si fosse potuto spingere i soliti Messaggieri, dappoichè la marina della Marsa era anche infestata dall'Inimico. L'ansietà mosse La Valette a fare chiamare Bajada a sè, disponendolo a risolversi di arrischiare una altra fiata il passo, onde riportare lettere alla città Notabile, e concertare nuovi modi di segnali affinchè in appresso potessero meglio intendersi. Il giorno 30 di luglio, Bajada passò quivi a salvamento.

I Turchi attendevano a penetrare per la bocca del Fosso; già si erano accomodati dietro alle trincee; e Mustafà Pascià s'era intanto trasferito al Padiglione dell'Agà dei Giannizzeri di contro alla posta del Capitano Martelli. Si era fatto già venire uno squadrone, il quale, al segnale che gli fosse stato dato, si sarebbe mosso a forzarsi una via per il Ponte, mentrecchè gli altri sarebbero penetrati per le poste. Onde divertire l'attenzione dei nostri, venne innoltrato un esteso numero di Ciaccali all'oggetto di fingere di lavorare attorno alla trincea che si adoperavano di formare presso la posta di Castiglia, sicchè prestavano occasione e comodo che i nostri venissero offesi dalle artiglierie. Nel medesimo tempo approdarono molte Galere all'entratura del Porto, tenendosi la prora verso il Castello St. Angelo; e comparvero eziandio molti Brigantini e Barconi facendo le viste di volere rinnovare l'assalto. Due delle anzidette Galere si accostarono alla grotta dell'Alliata, tirando sull'istante alcune cannonate contro le Guve, (così si chiamavano le fosse di grano, e le prigioni degli Schiavi).

Già si era dato l'allarme, quando uscito un rinnegato Spagnuolo dalle Trincee di rimpetto alla posta del Capitano Martelli, faceva preghiera perchè gli si concedesse di parlare al Maestro di Campo; e diceva che il Pascià chiedesse una tregua e volesse parlamentare con lui. Come il Martelli ne mandava parola al Robles, i Turchi da sul ponte e da sotto i parapetti, lanciarono dentro diverse frutta e del pane. Fu permesso a quattro

Turchi riccamente vestiti di farsi avanti; in mezzo dei quali s'avanzava l'Agà dei Giannizzeri il quale chiedeva armistizio per un pajo di ore. Sopraggiunto che fu il Maestro di Campo, si espresse che il permesso del parlamentare incombeva solo al Gran Maestro, e quindi fe' un cenno che si ritirassero, poichè diversamente avrebbe fatto fuoco su di loro. Dal cavaliero di Provenza fu sparata una cannonata per la quale alcuni che stavano allato del sopradetto Agà, rimasero uccisi, e poco mancò che l'ingannatore non fosse stato ingannato.

Le Turchesche insidie furono alla fine scoperte. Un tale Roberto de Gomer, Tedesco, soldato del Capitano Martelli, stando di sentinella sul Forte S. Michele, spiava gl'ingegneri Nemici nell'atto di prendere delle misure con il mezzo di una freccia che andavano introducendo presso il sottostante Rivellino del cavaliero. Ne avvertì subito il Governatore Alessandro Vagnone. Questa circostanza fu anche osservata da un soldato Romano di nome Titta Scarpetta; questi balzò coraggiosamente giù sul piano del Rivellino, e venendo dai Nemici scoperto, fu sul luogo stesso lasciato ucciso da una archibusata. Sopraggiunse il Maestro di Campo; montò sul cavaliero, donde si avvide che il terreno del piano del Rivellino si affondava; spinse tantosto colà giù tre soldati valorosi; in quella l'Alfiere Mugnatones capitava sul luogo; il medesimo avendo fatto dare di piccone, il terreno cedette e si scoprì un buco profondo. Avendovi il Mugnatones buttato alcune pignatte ardenti, ed accesa una picca, con animo intrepido vi scese giù seguito da parecchi Cavalieri e dai tre Soldati sopradetti. Quivi si trovarono in un andito provveduto di scala piana, opera non v'ha dubbio dei Nemici, ed era tanto larga che tre uomini in fila potevano liberamente salire al Rivellino. I Turchi che colà dentro allora trovavansi, furono obbligati di piegare sull'istante, onde sottrarsi al fuoco che loro piombava addosso. Erano siffattamente spaventati e confusi che si lasciavano precipitare nel fosso. Fu quindi inteso dai Rinnegati che quivi succumbette uno dei quattro Capi Ingegneri del Gran Turco, e che Mostafà era in attesa di un convenuto contrassegno per un contemplato assalto del Forte e dell'Isola di S. Michele, che avrebbe probabilmente avuto luogo in quello stesso dì.

La Senglea sarebbe stata assolutamente nel pericolo di essere soggiogata, dappoichè il Rivellino andava signoreggiando diverse poste di difesa, non che tutte le piazze coperte. Onde risultava ben manifesto che tutta l'Isola di Malta, sarebbe, stanti quelle mine infernali, caduta miseramente nelle mani degli Infedeli, i quali non avrebbero risparmiato mai la vita ad alcuno, mentrecchè dall'altro canto non avrebbero mancato di esercitare verso gl'infelici superstiti minore ferale vendetta di quella che i martiri loro fratelli avevano incontrata in St. Elmo. Smarriti ed attoniti ebbero i Turchi a rimanere. In tutto quel giorno a nulla appigliarsi sapevano; proruppero solo a bersagliare furiosamente di cannone.

Mugnatones intanto seguito da altri, passò a rintracciare la bocca principale di quelle mine; rilevò che si aprivano in tre vie: due mettevano al Cavaliero; e l'altra poi giungeva sino al Rivellino già sopra cennato. Vennero date le opportune disposizioni perchè si facessero incontanente sul luogo quelle riparazioni e fortificazioni che occorressero, munite d'un buon presidio onde ovviare che i Nemici vi ritornassero. Altro rifugio, altro sollievo il Gran Maestro non trovava se non che ricorrendo alla chiesa ed alle orazioni, talchè in questa memoranda occasione non omise di recarsi a rendere grazie al misericordioso Dio. Ciò adempiuto appena, spedì il Capitano Fra Pietro Buoninsegni presso l'Alfiere Mugnatones, perchè gli presentasse in segno di grata riconoscenza una collana d'oro valutata tre cento scudi. E fatti chiamare a se pure i Cavalieri La Corgna, Sangiorgio, e Savelli, lodò in pubblico il loro valore, non tralasciando nello stesso tempo di usare liberalità verso quei Soldati che nel pericoloso frangente gli avevano seguiti. In quel mezzo un Bombardiero, nativo di Trapani, mediante un'altra cassa, sostenuta di corde impeciate, volle tentare l'accendimento del Ponte; riuscì ad abbruciare i capi di due o tre antenne, le quali cedendo, rovinarono giù nel fosso; e come egli in sull'essere sollevato, fu colto da una palla di cannone, troncategliene le gambe, più tardi se ne morì. Gli Inimici infra di tanto pervennero ad estinguere l'incendiato ponte; esso fu ristaurato ed ampliato più di quel che prima non il fosse stato.

Capitolo IX.

Previo consiglio del Maestro di Campo, fu data mano all'innalzamento di una muraglia consistente di pietre e di terra, la quale dall'angolo del Cavaliero si estendeva sino alla cortina dello stesso Robles. La medesima doveva servire di riparo per l'evento che gl'Inimici avessero aperto improvvisamente i parapetti. Costoro intanto si udivano zappare da per tutto.

Mercoledì, il 1mo del mese di agosto, i Turchi si avvidero dell'or cennata opera; piegarono a quella volta quattro o cinque pezzi di artiglieria, i quali benchè da lontano tirati venissero, non mancavano di uccidere alcuni dei Guastatori.

Arrivò in questa Isola, Giovan Martinez de Oliventia portatore delle lettere del Vice Re di Sicilia, come già sopra indicato. Il Commendatore Mesquita in questo stesso giorno, spinse venticinque cavalli per una parte, e trenta per un'altra, all'oggetto di pigliare qualche Turco, onde il Gran Maestro potesse venire fatto avvertito delle importanti particolarità dell'Inimico. Avvenne che una delle squadre, recatasi alla cala di S. Paolo, sorprendesse una Galeotta che faceva l'acquata. Appiccato combattimento, due Turchi vennero uccisi, mentrecchè un altro fu pigliato vivo. L'altra squadra poi, scorrendo per i Casali, s'imbattè in altri due Turchi: uno di costoro, dopo di avere gagliardamente resistito, fu lasciato morto sul suolo, e l'altro venendo ferito, tosto si rendette. Dai fatti prigionieri si seppe che nel susseguente giorno si sarebbe dato l'assalto a S. Michele;

e che l'Esercito Nemico interteneva viva speranza di riportare vittoria sopra i nostri.

Il Commendatore Mesquita spinse il Bajada con lettere al Borgo, dove riuscigli capitare a salvamento nella susseguente notte. Il Gran Maestro considerato avendo il pericolo che sovrastava a S. Michele, fe' trasmutare molti Cavalieri dalle poste del Borgo al Forte sopradetto. Quivi spedì nella qualità di Capitano Don Vincenzo Carrafa, già disegnato Priore di Ungheria, il quale tolse a difendere il lato frapposto alla stazione del Robles e quella del Ruffo.

Mostafà Pascià aveva intanto preparata un'altra pericolosa insidia: i suoi Ingegneri avendo fatto fare una trincea col mezzo della pala e della zappa, i Turchi, protetti dalla stessa, ascendevano sino alle rovine del maschio del Cavaliero di S. Michele, senza che i nostri li potessero minimamente nuocere. La fronte di quello essendo stata dalla Mandra battuta in breccia, avvenne che vi si formasse un concavo consimile a quello del Cavaliero di St. Elmo. Ivi fecero in modo che, senza essere veduti e molto meno offesi, potessero scovrire e battagliare l'angolo più pericoloso della posta del Robles. Già vi si erano acquattati da sei Archibusieri. Correndo il 2 del mese di agosto, Mostafà prese la determinazione che i suoi si dovessero muovere all'assalto. Il Gran Maestro avendo, dietro quelle lettere del Mesquita, fatto toccare l'allarme, questa circostanza provvocò le batterie nemiche a saettare tremendamente contro i nostri. Per lungo due giorni prima, costoro erano stati similmente trattati.

Una squadra di Galere e di barche si mostrava allora all'imboccatura del Gran Porto, facendo sembiante di volere assalire la catena. Dall'altro canto Mostafà teneva a bada quei del Borgo, perchè non potessero prestare un immediato soccorso agli altri della Senglea. Ei procurava di tenere molti de' suoi occupati attorno la posta di Castiglia, i quali si adopravano di balzare giù nel fosso. L'assalto venne posposto ad un'ora dopo il mezzo giorno. Ecco l'astuzia a cui Mostafà ricorse: avvertì i suoi, che appena spiegata la bandiera reale, e dato fuoco a tutte le artiglierie, dirette in guisa da non poterli offendere, dovessero in quella salire sur i parapetti e sforzarsi l'ingresso. Egli mercè l'ajuto degli Archibusieri del concavo, pretendeva che ciò riuscito gli sarebbe. I Turchi, questo appena seguito, assalirono i parapetti in numero sì grande, che, sebbene i nostri gli avessero opportunamente incontrati e resistiti gagliardamente, ciò non pertanto molti dei nostri vi rimanevano soccombenti. Già si udivano i Turchi gridare: *Vittoria!* — già il loro numero andava crescendo, e già le bandiere nemiche vedevansi sur i parapetti spiegate. Il Maestro di Campo e l'Alfiere Mugnatones sull'istante accorsero; seguiti da tre Soldati, salirono anch'eglino sur i parapetti; e sparati gli archibusi, e dato subito di piglio alle armi in asta, ributtarono eroicamente quei Barbari, i quali vedevansi rovinare giù dai parapetti, nel mentre che quei cinque valorosi guerrieri si segnalavano per una delle fazioni più eroiche e stupende. L'assalto frattanto durava a tutte le poste fiero e terribile; il maggiore impeto era però riservato alla posta di Don Carlo Ruffo. Quivi si combattè anche valorosamente; i nostri difendevansi da prodi guerrieri. Al tramontare del sole, i Turchi, lassi e vinti, furono con grande obbrobrio costretti a dare indietro. Morirono quaranta soldati ad un di presso, fra i quali Ernando de Robles, nipote del Maestro di Campo, giovine valoroso e di belle speranze. Durante questo assalto i nostri furono di assai travagliati dagli Archibusieri del concavo sopradetto. Ora riuscì al Maestro di Campo di snidarneli, col mezzo di un cannone sparato dalla propria posta contro il cantone del Cavaliero, dietro al quale si tenevano ridotti. Venne fatto che rovesciato quel riparo, gli Archibusieri si trovassero di bersaglio ai nostri. Questa volta morirono ancora, Marcos de Mendozza, figlio del Conte di Monteagudo, il Capitano della Galera *Corona* F. D. Carlo Ruffo, guerriero valoroso, ed il Commendatore Fra Pietro Antonio Barrese, Cavallerizzo del Gran Maestro. Questi ultimi due rimasero sfracellati dalla stessa cannonata, mentrecchè Mendozza fugli per una altra portato via il capo. Il Ruffo intanto fu succeduto nel Capitanato dal Cavaliero F. D. Ercole Caracciolo, il quale disgraziatamente pochi giorni appresso restò anche egli ucciso.

Come tali cose occorrevano all'Isola di S. Michele,

Pialì Pascià andava sollecitando l'opera che dietro al Borgo faceva fare. Un'altra trincea, consimile a quella formata alla bocca del fosso di S. Michele, già era quasi che condotta a termine. La medesima doveva servire di riparo ai suoi, i quali si erano oramai fatti sotto la posta di Castiglia. Quivi imprendevano la formazione di una spaziosa piazza, diseccando fino il lembo della marina. Avevano anche posto mano ad altre trincee per l'oggetto di ottenere un adito agevole all'assalto. Verso le ore quattro della sopravvenuta mattina, una sortita, composta di Giovanni de Sada, già Sergente del Capitano Medrano, e di quaranta fanti, assaltò i Turchi che quivi attorno lavoravano; ne ammazzò alcuni, e costrinse infine gli altri a volgersi in fuga. Giovanni de Sada si trattenne per qualche tratto con alcuni Guastatori che si accingevano a rovinare le nemiche trincee; ma venendo sopraffatto dai Barbari, si ridusse nel Borgo colla perdita di quattro uomini solamente. Morì in questo giorno, il Commendatore Fra Luis de Paz, luogotenente del Gran Cancelliere, e Piliero della Lingua di Castiglia e di Portogallo. Desso intanto venne succeduto dal Commendatore Fra Don Pietro de Mendozza, mentre che il costui carico rimaneva devoluto al Capitano Pietro Buoninsegni. Ora bisogna conoscere che i Capi venivano in diverse occasioni mutati: talvolta per infermità del Buoninsegni cadeva il comando al Commendatore Fra Francesco de Britto Portoghese come il più anziano. Oltre il luogotenente del Turcopiliere, Frate Oliviero

Starqueì presidente alla posta di Inghilterra, vi era ancora il Commendatore Fra Paolo Fiamberto, Pavese.

Questi, avendo fatto aprire una cannoniera, causava non poco danno agli Inimici in quella appunto che avessero avuto a trasferirsi alla posta di Castiglia.

Venerdì, il 3 di agosto, Pialì rimise la gente a lavorarvi sì prestamente che la trincea venne tosto compita. I Turchi riuscirono ad assoggettare tutta la posta di Castiglia in guisa che veniva assediata strettamente, mentrecchè giungevano a zappare fino sotto agli stessi parapetti. Là dove adergeva la cavallerizza del Gran Maestro, fu collocato un corpo di guardia riparato dietro ad una grossa trincea, e sicuro dalle artiglierie di St. Angelo, e dal cannone del Fiamberto.

CAPITOLO X.

IL FIGLIO del Re d'Algieri, Genero del defunto Dragut, a capo di trenta cavalli, e mille fanti, toglieva l'assunto di dare una stretta a quei della Città Notabile. Ed avendo egli preparato all'uopo le opportune insidie, si spingeva a tendere loro imboscata. I Capitani Fra Vincenzo Anastagi, e Boisberton, ovvero Fra Tommaso Coronel in vece di questo ultimo, che secondo alcuni si trovava allora ferito, affrontarono e caricarono l'Inimico; ferirono alcuni cavalli, ed uccisero un Turco che all'abito ed al sembiante appariva qualche alto personaggio. Gli altri facevano come se fuggissero, quandocchè i nostri procedevano cautamente senza avere quindi sofferto alcuna offesa. Un giovane Cristiano fuggito dai Barbari, avvertiva i nostri delle nemiche insidie, talchè costoro da indi in poi si attennero ad usare maggiori cautele. Il Gran Maestro ordinava che si facesse un'altra più gagliarda sortita. Onde furono all'uopo eletti, il Commendatore Fra Giovanni Vasquez de Aviles, uno de' sergenti maggiori, a capo dei suoi, ed il Cavaliere Fra Giovanni de Corniglian detto Meigrin, Guascone, Alfiere del Capitano Romegasso, con una squadra dei soldati della Galera del Gran Maestro, *La Capitana*.

Il Cavaliere Fra Stefano de Calderon, avendo avuto ad accompagnarli, si era innoltrato a riconoscere il cammino che si aveva da percorrere. Ma essendo per una archibusata colto in fronte ed ucciso, volle in luogo suo uscire il Cavaliere Fra Diego de Brandaon, Portoghese, venendo accompagnato da una sessantina di uomini stimati pratici. Decorsa la mezza notte, Fra Giovanni Vasquez uscì coi suoi, e con altri ancora; si spinse coraggiosamente avanti per iscorgere il cammino. I Nemici della contrascarpa, posti in confusione e fuga, si precipitarono nel mare; altri sonnacchiosi ed atterriti, si percuotevano e ferivano l'un l'altro. Ciò nonostante il Vasquez non venendo sorretto, anzi da una grande parte della sua gente abbandonato, seguito da due Cavalieri, e sei Soldati, fu lasciato tra la trincea ed il mare; e venendo tutti circondati dagli Infedeli, furono tagliati a brani come valorosamente combattevano. Le munizioni da guerra erano siffattamente scemate, che non si osava tirare una cannonata laddove non fosse più che necessario. La Valette dubitava che i Nemici avessero preso alcuno talora vivo. Questa circostanza gli premeva di assai, dappoichè i Nemici avrebbero potuto in quell'evento ricavare qualche notizia degli affari interni. Però di tale nojoso pensiero fu nel seguente giorno liberato, avendo scorto sugli opposti bastioni nove teste fitte sulle picche, il numero precisamente che vi mancava. Fra Giovanni Vasquez d'Aviles, Sergente Maggiore, fù succeduto dal Cavaliere Fra Don Francesco di Guevara, figlio del Duca di Bovino. Questi fu l'inventore dei così detti Torchioni (1). Ei s'intendeva di fortificazioni per cui si era sempre utilmente prestato ad assistere attorno ai ripari che venivano innalzati contro le furiose artiglierie nemiche. Gli scrivani delle Galere in questo stante vennero deputati a guardare i bonavoglia, i quali incoraggiati dai denari che traevano, volentieri si mettevano a lavorare attorno i ripari di S. Michele e di Castiglia. Adesso in tali opere, fin anche le donne ed i fanciulli generosamente si prestavano. Ogni industria, ogni fatica si poneva nei ristauri dei ripari: sì di giorno che di notte assiduamente vi si lavorava. Il Capitano Buoninsegni, stantecchè la cortina di Castiglia e quella di Alemagna s'erano rovesciate, inventò e vi fece fare un contraffosso, munito di fianchetti, e di un contraparapetto.

---

(1) Il Torchione consisteva di grandi pezzi di arbagio avviluppati di terra bagnata; veniva ben stretto, legato e battuto, e quindi posto sur i parapetti ed i terrapieni. Questo era l'unico mezzo che contribuiva utilmente a temperare alquanto le rovine prodotte dai Basilischi.

Nella piazza di Castiglia non era rimasto luogo alcuno che non fosse stato soggiogato dalle artiglierie ed archibusate nemiche. Non vi era dove i nostri si potessero ridurre, fuorchè dietro i ripari e dentro una vasta cisterna secca ove talvolta ritiravansi a prendere qualche ristoro. I Nemici intanto si facevano padroni delle breccie e delle rovine di questa posta, talchè si temeva che al primo venturo assalto sarebbe perduta. L'accesso era divenuto sì agevole che potevano comodamente montare per le breccie e le batterie. Fu necessario che si alzassero dei ripari a pietre secche entro lo stesso Borgo, attesochè per le strade ancora non si andava affatto sicuro dalle palle. Un Soldato Spagnuolo di nome Francesco de Aguilar, sotto un pretesto di essere stato malmenato dal suo Capitano, rifuggì al campo turchesco per l'iniquo oggetto di rinnegare la fede di Cristo. Tale inaspettato avvenimento apportò costernazione fra i nostri. Il Gran Maestro se ne affliggeva più d'ogni altra cosa: dappoichè oltre agli avvertimenti che quegli avesse talora potuto prestare a Mostafà, poteva assai bene essere la cagione anche di addurre ostacoli all'entrata del soccorso delle due Galere di Cornisson e di St. Aubin che d'ora in ora erano attese. L'Aguilar, come fu scoperto in appresso, venne sottomesso ad un diligente interrogatorio dai due Pascià, i quali, col disegno di rincorare l'Esercito, fecero in modo che quegli dichiarasse in pubblico, che la forza dei nostri fosse ridotta a cinque cento uomini come abili a combattere, e che le loro munizioni fossero oramai esauste; suggerendo, che stessero vigili onde impedire lo sbarco agli attesi soccorsi, e che non tralasciassero di reiterare gli assalti onde ovviare ai ripari ed al riposo; e conchiudendo con assicurare che in siffatta guisa i nostri sarebbero indubitatamente vinti.

Dietro a questi empi avvisi, fu tenuto consiglio e quindi risoluto che per il rimanente di quel giorno e della susseguente notte, le batterie dovessero d'ogni parte continuatamente saettare i nostri, sotto l'espressa intelligenza che nel giorno appresso si desse un altro generale assalto contro la posta di Castiglia e tutte le breccie di S. Michele.

Frattanto il Gran Maestro ed il Robles si avvedevano di tali deliberazioni nemiche. Le batterie Turchesche adopravano ogni sforzo possibile per tribolare ed offendere i nostri, mentre che verso la sera una quantità di Brigantini e di grosse Barche attendevano di tragittare moltissima truppa da Marsamuscetto ai bastioni del Salvatore. In questo stato di cose, i nostri si accingevano a disporre gli opportuni apparecchi, cioè: di cerchi e di pignatte non che di molti monticelli di sassi da lanciare. Molte case furono per questo effetto diroccate. L'esperienza dimostrava l'utile grandissimo che si traeva da una tempesta continuata di sassate.

Si era dato ordine al Commendatore Guiral che lasciando i bombardieri e quella gente necessaria per la difesa della catena, dovesse, al toccare dell'allarme, trovarsi pronto col resto dei suoi in piazza alla presenza del Gran Maestro onde così prestare quel soccorso che fosse stato mestieri.

Si certificava che i Barbari non avrebbero tentato più l'assalto per mare. L'anzidetto ordine veniva anche esteso agli altri Capitani e sotto la medesima intelligenza.

La Valette intanto visitò tutti i luoghi pericolosi, animando e consolando i combattenti, e facendo ristaurare quei ripari che ne avessero avuto di bisogno.

Era veramente una meraviglia come i Turchi avessero con ogni diligenza potuto di notte tempo puntare le loro artiglierie. Si accorsero i nostri che alcuni dei tiri stupendi si andavano ottenendo mediante picche accese, accostate e sorrette presso le mura, per cui tornava agevole che si prendesse qualunque mira che occorresse.

Martedì il 7 di agosto, un' ora circa avanti l'apparire del sole, Mostafà die' il segno per l'assalto; le artiglierie a prima giunta tirando furiosamente, avvenne che molti dei nostri cadessero vittime, e che molte rovine causate fossero.

Ciò seguito appena, i Barbari mandarono urli e gridi tremendi. Una grossa quantità di sacchetti di polvere e di altri fuochi artificiati venne dentro le poste lanciata. Ogni posta dell'isola di S. Michele ardendo, tutto appariva compreso in un estesissimo incendio. I nostri però già avvezzi e destri a sottrarsene, incontrarono gli Inimici con un gran numero di cerchi e di pignatte, e di una folta tempesta di sassate, mantenendosi intrepidi e costanti alla difesa. Il fumo disperso, molte bandiere nemiche comparivano ai parapetti. Fu quindi spediente che si ricorresse alle trombe artificiate, alle picche, agli archibusi ed alle armi in aste. Si venne in contatto cogli ostinati Barbari; il Cavaliere Fra Giovanni de la Tour, soprannomato Reynes, valoroso Cavaliere della Lingua di Provenza rimase ucciso, mentre che il prode Alfiere Mugnatones fu tanto gravemente ferito che decorsi sedici giorni appena rendette l'anima al Creatore.

Questo valoroso campione fu universalmente per tutto l'assedio pianto e desiderato come uno dei più rari ed eccellenti soldati della Milizia Spagnuola. E tanto sentita fu questa perdita, che La Valette ebbe a dichiarare che gli era mancato il braccio destro. Morì anche in questo assalto, un Cappellano della Lingua d'Italia di nome F. Domenico Rocchetta, nel momento stesso in cui dava l'assoluzione ad un moribondo Cavaliere Catalano, Fra Pedro Zaportella. A tutte le poste con sommo furore si combatteva, e segnatamente in quella del Robles, dove soppraggiunse per acconcio il Capitano Fra Stefano de Claramunt colla gente della posta dello Sprone.

Pialì Pascià indugiava a spingere i suoi contro la posta di Castiglia; egli attendeva ingannevolmente che i difensori del Borgo passassero al soccorso della Senglea, onde si udiva l'orrendo strepito delle armi. Il Gran Maestro avendo preveduto quella astuzia, e conoscendo il pericolo che sovrastava alla posta di Castiglia, non tralasciò di rinforzarla del necessario numero di soldati.

L'Inimico si appigliava a qualunque sforzo possibile onde introdursi nella posta del Capitano Buoninsegni. La stessa venendo signoreggiata da alcuni pezzi di artiglieria del Monte Salvatore, che la battevano per fianco, succedeva che alcuni de' nostri rimanessero vittime. Ciò non pertanto alcune feritoje essendo state aperte nelle breccie del fianco della posta di Don Rodrigo Maldonado, venne fatto che i Turchi fossero rispinti con strage grande, avendovi di assai contribuito le pignatte e i cerchi piombati loro addosso. Viucciali Candelizza, il Luogotenente del Re di Algieri, come si era in un ed una squadra dei suoi più bravi soldati asceso sul parapetto, ne venne rovinato per una archibusata che lo colse in fronte. Fra Fernando Ruiz de Corral, e Fra Don Giovanni de Vargas in questo pericoloso frangente si resero preclari non poco. I Nemici non cessavano di ricorrere ad altri tentativi per cacciarsi dentro il Borgo; frattanto dalla cannoniera del Commendatore Fiamberto alla posta di Inghilterra, furono assai ben battuti, talchè non osarono di ritentare mai più quel varco.

I due Pascià avendo risoluto di non ritirarsi senza avere onninamente riportato vittoria, più fiero ed impetuoso fu rinnovato l'assalto. Lo scempio che i nostri facevano sur i Musulmani era da vero orribile. Alcuni ostinati oltremodo si lasciavano ingojare dalle fiamme, mentre altri mal conci e sopraffatti già atterriti rinculavano. I Pascià, onde prevenire che i loro satelliti

Capitolo X.

vieppiù si disanimassero, cacciaronsi loro dietro, spronandoli avanti con tanta foga e violenza, che i nostri si trovarono ridotti al più disperato termine. Il Maestro di Campo tenendosi quasi che per vinto, dato di piglio ad un Crocifisso, volò alle adjacenti poste, ed esortò a tutti che volessero oramai acquistare la palma del Martirio.

Il coraggio si andava aumentando in tutto l'assediato popolo; tutti si determinarono di morire con l'arme in mano; e tale in vero fu l'ardire ed il valore degli assediati, che si animavano e rincoravano l'un l'altro, mentre che i Nemici venivano vittoriosamente ributtati.

Le donne, i fanciulli, ed i vecchi ancora, si trovarono, tanto in questo, quanto in ogni altro spaventevole frangente, coraggiosi ed intrepidi.

E l'Inimico intanto abbruciato, ferito, ed ucciso, veniva precipitato giù da sur i parapetti.

Fra Giovanni de Lugny Cavaliere di Borgogna veniva prescelto dal consiglio della Città al comando di uno Squadrone di Cavalleria all'uopo di assalire il Corpo di Guardia della Marsa, e di prestare eziandio qualche ajuto a quegli infelici assediati. Egli a capo de' suoi si mosse a quella volta, e giunto che fu, diè improvvisamente nei padiglioni e nelle tende dei Barbari, atterrando quanti davanti gli si paravano, e mettendo tutto sossopra ed in iscompiglio. Gli ammalati e convalescenti che nell'Infermeria allora giacevano, spinti dal timore della morte, si appigliarono tantosto alla fuga.

Questo fatto tanto curioso e strano si attribuiva all'opera di un miracolo: dappoichè chi moribondo in letto gemeva, riebbe forza a sufficienza onde rimettersi in gambe e tentare lo scampo di un imminente pericolo. In questo mezzo tutta quella spaziosa valle si scorgeva coperta di confusione e di guazzabuglio. Pervenne alle orecchia dei Pascià la notizia di questo avvenimento, non che un Esercito Cristiano si piegava alla volta dell'isola di S. Michele. Le nemiche reali bandiere scomparvero in un attimo, mentre che gli Archibusieri, prima acquattati nelle breccie, se ne ritraevano in confuso, venendo ridotti alle strette dagli Archibusieri Cristiani allogati sur i fianchi e sulle casematte di Alvergna e del Capitano Martelli.

Gli ansiosi assediati movevansi a credere che l'Armata Cattolica avesse sbarcato il gran soccorso. D'altronde per i segnali della Città Notabile nulla emergeva sul proposito. Frattanto veniva scoperto dalla posta dei Siciliani che l'Esercito figurato il gran soccorso, era la Cavalleria Maltese la quale stava allora traccheggiando per la pianura della Marsa.

Questo erroneo evento fu cagione che l'assalto generale venisse sturbato e divertito.

Molti altri Capitani Turchi morirono, fra i quali Alì Portuc Bei di Rodi, reputato per uomo d'ingegno sottilissimo. Molti de' nostri soccombettero ancora.

Tostocchè per un momento tutto appariva sedato, il Gran Maestro, conforme il suo solito, andò a rendere grazie al Signore Dio per siffatto vittorioso successo, facendo in questa occasione cantare il *Te Deum Laudamus* nella Chiesa di S. Lorenzo.

Come tali cose volgevano, le due Galere di Cornisson e Saint'Aubin partivano ad istanza di La Valette da Messina a questa volta. Ora si voleva tentare lo sbarco di una squadra di Cavalieri e fare in modo che la difesa di queste Fortezze venisse prolungata, fintantochè Don Garcia avesse potuto accorrere col gran soccorso. Colle medesime capitò il Capitan Andrea Salazar, spedito espressamente dal Vice Re, perchè gli procurasse una relazione minuta del modo e del cammino che si dovrebbero tenere onde potere dare addosso all'Inimico. Nella notte di mercoledì l'8 di agosto, venne fatto che le anzidette due Galere si accostassero a questa Isola; ma avendo rilevato per segnali dal Castello St. Angelo l'impossibilità di potere effettuare l'entrata, ebbero di mala voglia a ritrarsi in Sicilia. Frattanto il Capitano Salazar, mediante una barchetta, venne da pratiche guide Maltesi condotto alla Cala di Ghain Toffiha, e quindi alla Città Notabile. In questo mezzo il Capitano Mesquita spingeva per la via del Gozo lettere a Don Garcia, facendolo avvertito, in modo speciale, dell'arrivo del Salazar.

Riuscì a quindici cavalli di pigliare due Turchi ed un moro per mezzo dei quali si raccolse che Pialì intendesse di battere la posta di Castiglia ancora per parecchi giorni, onde toglierle le difese del tutto; e che nel frattempo volesse dare la stretta alla Cavalleria Maltese, dalla quale andava ricevendo molto danno e disturbo. Mostafà, dall'altro canto, non cessava di travagliare i nostri, sì di giorno che di notte, con reiterati e spessi assalti. Di concerto cogli Ingegneri, disegnava di riguadagnare l'eminenza del Cavaliero di S. Michele. Già sotto la posta delle botti stavano i Turchi intenti a scavare le mine. Il 10 di agosto, dalla mattina sino alla sera, non attesero ad altro che a saettare contro i parapetti del Forte S. Michele e del suo Cavaliero; ed intanto davano a divedere di volere assalire le poste della Burmola e del Robles. Dalla posta delle botti tirando contro il Cavaliero, riuscì loro di farsi una strada angusta, in modo che al coperto vi si potevano inoltrare a due. Ingrossandosi il numero, e giunti essendo ai parapetti, il Cavaliere Frate Alessandro Vagnone, Piemontese, seguito dai suoi, se gli oppose valorosamente, e sostenne il loro impeto fino a tanto che avesse potuto essere stato soccorso dal Robles, e da alcuni soldati di costui. Le insidie sotto giacenti alla sopradetta posta, furono intanto scoverte; ed aperta una troniera, venne dato che col mezzo di un mortaletto, caricato a scaglie di ferro, si riuscisse a snidare quei Turchi, i quali non poca offesa ebbero a toccare.

Tale circostanza fu rilevata per ricordo di Mattias de Ribera, il quale fu perciò rimunerato condegnamente, come lo furono anche i suoi compagni, non che alcuni Maltesi della Compagnia della Burmola, essendo costoro passati con somma intrepidezza dall'Isola al Borgo, onde riconoscere le breccie ed il fosso di Castiglia.

Capitolo X.

Il Capitano Andrea de Salazar venendo accompagnato da alcuni Cavalieri e parecchi Maltesi, sommando a sessanta cavalli, l'11 di agosto riconobbe con diligenza l'Esercito Nemico, talchè fu rischiarito e confermato nella opinione che col disegnato soccorso di dieci mila Fanti, si avrebbe potuto liberare Malta da tanto crudele assedio.

Frattanto Pialì Pascià con circa venticinque cavalli ed una schiera di Soldati, ascendente in tutto a cinque mila uomini, si era partito in quella medesima mattina dai Bastioni alla volta della Città Notabile col fermo proposito di dare la stretta alla Cavalleria.

Quei pochi cavalli de'nostri, come con ansietà e prestezza attendevano di riguadagnare la Città, giunti appena che furono tra il Boschetto del Gran Maestro e la Vigna del Vescovo, udirono il rombio di due tiri di artiglieria da campagna.

Si videro di lancio quattro Insegne spiegate; e poscia subito una infinità di Turchi rizzarsi; e venire tantosto agitate altre Bandiere; ed infine dal lato del Rabato spiccare il Gran Stendardo dal mezzo dei cavalli fra i quali si trovava Pialì in persona. Questi andava seguito da un grosso numero di archibusieri. Sulla pianura sotto la Città altre tre Insegne venivano scorte, quando datosi l'allarme, questa si fe' a saettare contro quei tra i Turchi che con temerario ardire se le accostavano.

La Cavalleria Maltese fra quel mezzo giugneva al Giardino del Vescovo, ed accortasi che tutti i passi erano occupati, in guisa che veniva circonvenuta da quei Barbari, prese il destro di appigliarsi all'ottimo spediente di quadripartirsi. Chi per la stracchezza del cavallo adoprare non si poteva, smontandosene, lo lasciava in preda ai Nemici, mentre agile di gambe, balzando per quei dirupi, aveva la buona ventura di guadagnare il Redum della Madalena. Una Squadriglia in cui fra altri era il Cavaliere Fra Cesare Montiglio, Piemontese, trapassando l'Inimico, ebbe a salvarsi alla Melleha. Ad un' altra parte venne dato di mettersi in salvo nel vallone di Montalib (1). E la quarta infine composta dei migliori cavalli era risoluta di penetrare con animo franco ed intrepido nella Città, e di fatto come giunta a questa fu, ebbe ad azzuffarsi coll'Inimico, mentre molti de'nostri, cadevano vittime, e lo stesso Salazar sarebbe rimasto ucciso, non fosse stato per il pronto soccorso di un valoroso Maltese di nome Girolamo Camensuri (2) sopranomato Zaifi. Frattanto riuscì a quest'ultima squadra di riguadagnare intrepidamente la Città.

Pialì Pascià, con undici schiavi cristiani e ventisette cavalli, tutto lieto e contento, se ne tornava al padiglione, quando, data avendo a Mostafà piena contezza dell'avvenuto caso, gli schiavi vennero sottomessi ad un diligente interrogatorio per il quale furono rilevate le deliberazioni

---

(1) Monte Calibbo appellato comunemente tra noi *Imtahleb*.
(2) Onde Cammiruli ossia Camensuli.

prese dai nostri in riguardo al contemplato gran soccorso.

Il Mesquita ansioso per la sorte degli altri che non erano ancora comparsi, veniva in quello stesso mezzo consolato non poco per il ritorno del Cavaliere Montiglio e della maggiore parte di quei cavalli.

In questo punto moriva, per una archibusata in fronte, il Maestro di Campo Robles il quale era, dopo Dio e il Gran Maestro, la salute dei nostri, e la speranza delle Fortezze.

Dietro ai parapetti della posta delle botti e della cortina sino al Rivellino del Cavaliero, udivasi un rumore di zappare più sensibile. Quivi si erano i Turchi accinti ad ampliare le cave dette di sopra, scavandovi pure molte altre buche entro le quali si appiattavano, e donde non tralasciavano di molestare continuamente i nostri con sacchetti artificiati. Il Robles avendo voluto esplorare i loro disegni, spinse prima Fra Giorgio Giron de Rebolledo, Cavaliere Catalano, a riconoscere quell'opera nemica, e quindi per lo stesso oggetto il Capitano Giovanni de Funes. Della relazione di ambi non rimanendo soddisfatto, volle inoltrarvisi egli medesimo. Giunto che fu al luogo e distesosi sul parapetto, si spingeva pian piano a carponi. I Turchi avrebbero dovuto essersi accorti della riconoscenza che i primi due avevano fatta, dappoichè, malgrado l'oscurità della notte, sì tosto che il Robles sporto il capo ebbe in fuori, venne là di botto colto di mira ed ucciso.

Gli assediati e segnatamente i soldati suoi, compresi del più intenso cordoglio, come il suo venerato corpo veniva ritirato dal parapetto, non era possibile che avessero potuto soffocare le lagrime ed i sospiri.

La Valette, intesa appena la morte di siffatto magnanimo guerriero, manifestò la consueta fortitudine d'animo. E per estollere un tanto degno e valoroso personaggio, non che per rassicurare lo smarrito popolo, si espresse in pubblico che anzi si dovrebbero rendere grazie infinite all'Altissimo per non averlo tolto dal mondo se non che dopo che tutti i Cavalieri ed i Soldati erano stati ben istruiti, e resi atti e sufficienti a potere continuare e mettere in esecuzione i modi già da lui introdotti nella difesa.

Fatto imbalsamare il suo corpo, venne con alto onore depositato nella Chiesa di S. Lorenzo, essendo stato all'uopo riposto in una cassa coperta di velluto nero sormontata di una Croce di raso chermisì, simbolo del suo abito, cioè di S. Giovanni della spada. Ma decorsi pochi anni fu tramutato e sepolto nella Chiesa di San Giovanni di questa Città Valletta, ove i suoi gloriosi avanzi riposano in pace non lungi dai martiri confratelli. In questo stato disperato, la posta di quell'illustre guerriero fu affidata al Sergente Maggiore Antonio Chiapparo. L'Alfiere Mugnatones il quale si trovava gravemente ferito, alla dolorosa notizia della morte del suo Maestro di Campo, venne compreso da tanta afflizione di animo, che da indi a pochi giorni anche egli se ne morì.

Capitolo X.

Il Commendatore Fra Pietro de Gioù, Generale delle Galere, fu fatto chiamare onde assumere il carico del defunto Robles, non che insieme le incumbenze dell'Ammiraglio Fra Pietro di Monte allora infermo, e del Luogotenente Fra Pietro Giustiniano allora ferito.

Nella domenica il 12 di agosto, avvenne che il sopradetto Generale Gioù, fosse rimasto ferito in capo da una scheggia di pietra spiccata per una cannonata. Pertanto era uopo che gli venisse sostituito il Balì dell'Aquila Fra Pietro Felizes. Insorta essendo qualche discrepanza tra gli anziani Cavalieri d'Italia in riguardo al diritto di appartenenza di cotesto ministero, il Gran Maestro, previa una deliberazione in Consiglio, elesse con generale soddisfazione il Maresciallo Fra Guglielmo Couppier il quale assunse il comando dell'Isola di S. Michele con il doppio titolo di Vice Reggente e Luogotenente di La Valette.

Giungeva da Costantinopoli la nuova per Sirocco Rais che sarebbero fra non molto venuti in soccorso alcuni Caramussali (1) e Galere; non che un ordine espresso che si finisse assolutamente dell'Impresa di Malta. Fu tenuto consiglio e determinato che si dovesse continuare il fuoco, fintantocchè la mina alla posta di Castiglia fosse stata condotta a termine; e che, soggiogato il Borgo, si desse poscia l'assalto alla Senglea: dappoichè gli Ingegneri non erano d'avviso che si intraprendesse l'assalto generale, quandocchè le Fortezze si

---

(1) E' una specie di Vascello quadro con poppa assai alta.

potevano soccorrere scambievolmente. Fu risoluto infine che Pialì attendesse a circondare con ottanta Galere questa Isola, affinchè in tale guisa i disegni di Don Garcia potessero rimanere distolti.

Il Capitano Salazar, il 12 ed il 13 dello stesso mese, stette a riconoscere viemmeglio la Campagna tutta d'intorno; ed avendo procurato per la penna del Capitano Vincenzo Anastagi un soddisfacente circostanziato ragguaglio sullo stato di quell'assedio, fe' in modo che venisse inoltrato ad Ascanio della Corgna allora in Messina, il quale si assunse di sollecitare il gran soccorso per parte del Papa.

Le ottanta Galere poc'anzi cennate, essendo andate alla Cala di S. Paolo ed al Migiarro, ebbero la buona fortuna di pigliare molti buoi e vacche non che altro bestiame. Tale bottino in quelle scarsezze non poteva essere altrimenti che di sommo sollievo e ristoro segnatamente ai molti feriti che ognora si andavano aumentando.

Il Salazar nella sera del 14 di agosto accompagnato dal Piloto Bartolomeo Abele, (1) partì con quella medesima barchetta che lo aveva sbarcato a terra, ed in quattro giorni giunse felicemente in Messina. Frattanto Don Pedro de Paz fu lasciato con alcuni Maltesi sull'eminenza della Melleha, facendo sì di giorno che di notte gli opportuni segnali di sicurezza o di sospetto.

(1) Oggidì Abela.

Capitolo X. 175

Nella stessa sera avvenne che si scoprisse una candida colomba posare sulla miracolosa Immagine della Madonna di Filermo (1) ove pure si trattenne per molte ore. Il popolo a quella vista traeva il pio e felice presagio che Malta potesse essere fra non molto liberata da un tanto crudele assedio. La Valette onde accendere vieppiù la speranza de' suoi, non che per atterrire l'Inimico, si appigliò allo spediente di pubblicare che il soccorso ben tosto sarebbe giunto in questa, ed a quello di ordinare una salva generale di artiglieria, alla quale i Turchi non tralasciarono di rispondere triplicamente, mandando innoltre urli e gridi spaventevoli. Durarono ben quattro giorni a saettare furiosamente contro le poste della Senglea, causando gravi danni ed offese ai nostri. Nella notte del 16 ponevano un termine a questo battagliare. Si arguiva che il loro intento fosse di abbattere del tutto le difese del Rivellino le quali vennero ridotte ad un tale termine, che i nostri, ognora intrepidi, cadevano necessariamente vittime. I Nemici attendevano ad aprirsi per quello una strada, onde in tempo debito potessero impadronirsi del Cavaliero.

(1) Cotesta miracolosa Immagine era già stata in grande venerazione, prima che la Sacra Religione avesse conquistato Rodi. Ritrasse quell'appellazione da Philermos cioè *Mons Infelicis Amoris*, dietrocchè era successo un fatto deplorabile nel tempio in cui la Veneranda Immagine era depositata; un giovine ed una donzella v'erano stati ritrovati morti, quando si pretese che costoro avessero voluto profanarlo. Fra Filippo de Villers Lisleadam, primo Gran Maestro a Malta, raccolse tra altri oggetti preziosi la nominata Immagine; portolla qui, e la depositò nella antica Chiesa di S. Lorenzo nel Borgo in oggi la Vittoriosa. Nel 1532, correndo le feste di Pasqua, la fu sottratta da un incendio avvenutovi per trascuraggine del Sacrestano. Poscia fu traslocata nella Chiesa di S. Giovanni, dove esisteva nella Cappella in cui fin'oggi si custodisce il SSmo. Sacramento.

Il giorno 17 rallentarono il fuoco contro la posta di Castiglia, mentrecchè rimanevano a battere languidamente la cortina e la posta di Don Rodrigo Maldonado.

In questo mezzo insospettiti i nostri per la strana condotta dell'Inimico, si ebbe la buona sorte di scovrire una mina sotto la posta di Buoninsegni. Si pose tantosto mano alla formazione della sua contrammina, ergendovi all'altezza di un uomo, a traverso della piazza, un terrapieno della grossezza di venti piedi, in guisa che quella rimaneva in fuori.

CAPITOLO XI.

Convocato un altro consiglio, Mostafà e Pialì si risolsero a terminare quell'Impresa; per cui stabilirono che durante tre o quattro giorni di seguito, si dovessero reiterare spessamente gli assalti. Mostafà indi conchiuse con dare le necessarie disposizioni, e con aringare l'Esercito Turchesco, esortandolo ed animandolo all'acquisto della gloria, e promettendogli larghissimi guiderdoni.

Pialì Pascià volendo incutere terrore ai nostri, si appigliò allo stratagemma di spingere di notte tempo trenta Galere alcune miglia in mare lontano, ed alle alture di Marsascirocco. Nel mattino di sabato il 18 agosto, simulando egli che quelle fossero provvenienti col soccorso da Levante, fe' in guisa che comparissero alla vela; ed andando loro incontro, le accolse con bugiarde dimostrazioni di gioja; e salutato lo stendardo di St. Elmo, si ridussero tutte quante nel Porto di Marsamuscetto. Dalla ciurma vennero intanto trascelti da trenta a quaranta vogatori per Galera, i quali, ammontando a sei mila uomini circa, furono fatti indossare ed armare delle spoglie dei morti loro compagni.

Quasi tutta la superficie del Monte Sceberras sino alla Marsa, alla quale volta si marciava, vedevasi coperta di un esteso numero di Turchi ridotti sotto diverse Insegne. Tale vista non mancò di suscitare qualche timore nell'animo degli assediati. Era quasi impossibile che i cannoni dell'Inimico non crepassero : tanto spessi e reiterati venendo fatti i tiri. Ricorrevano a servirsi finanche delle palle già vomitate contro St. Elmo, non che di altre sparate contro le poste della Senglea e quella di Castiglia. Il Gran Maestro si dava a pronosticare che i Turchi sarebbero ben tosto ritornati ad intraprendere generali assalti. Di questa circostanza veniva quindi istruito dai rinnegati, i quali non tralasciavano di prevenire i nostri di molte cose ben importanti.

La Valette rivisitò tutte le poste, e sollecitò quei ristauri che occorrevano. E benchè i lavoranti si pericolassero a tale uopo la vita, non tralasciavano purtuttavia di riattare quelle rovine per quanto fosse stato mestiere. In questo utilissimo lavoro si distinsero, fra altri, un padre e tre figli, Maestri muratori Maltesi, per cognome Barbara, non che pure il Maestro Orlando Zabar. Essendocchè la posta di Castiglia si trovava allora ridotta ad più pericoloso termine, il Gran Maestro rinforzolla del Capitano Fra Stefano de Claramunt e della Compagnia di costui. Questi fino a quell'istante aveva guardato la posta dello Sprone che da indi in poi rimase sotto la vigilanza del Capitano Fra Vasino Malabalia. Nel medesimo tempo venne eziandio quivi spedita una compagnia della gente del Borgo sotto il comando del Capitano Luserches; mentrecchè una porzione dell'equipaggio della Galera *Capitana*, veniva spinta in ajuto della posta del Boninsegni. Il Maresciallo Couppier dall'altro canto attendeva diligentemente a fare riparare le poste della Senglea, venendogli in quella spedita in sussidio una mano di Cavalieri Italiani sotto la condotta del Cavaliere Fra Don Baldassare Marquet, Messinese, il quale molto da valoroso si adoperò. Il Gran Maestro non tenendosi presso che quei pochi superstiti delle squadre di soccorso, mandava in sussidio della Senglea fin anche parte di quei che erano stati in guardia delle poste di Provenza, di Alvergna, di Francia, e d'Inghilterra.

In questo mezzo i Pascià disegnavano di riconoscere le breccie ed i parapetti. Pertanto le artiglierie ripresero a saettare furiosamente contro i nostri. Mostafà procurò che da tre mila Turchi si riducessero sotto le breccie. Costoro in tre rimesse, scagliando molti sacchetti, attendevano a riconoscere i parapetti. Ogni ostinato tentativo veniva represso coll'unico mezzo di una foltissima pioggia di missili ardenti e sassi. I nostri già ben pratici in simili conflitti, sapevano con molta destrezza schivare le offese dei fuochi artificiati. D'altronde gli estesi danni che ricevevano, provvenivano segnatamente dalle scheggie di pietra percossa dalle palle. Il Cavaliere Fra Giovanni Battista Rondinelli, Fiorentino, ebbe una gamba tronca, mentre che il Cavaliere Fra Giovanni Battista Gambaloita, Milanese, ne rimaneva sfregiato in viso.

Piali Pascià onde arrogarsi il vanto di avere conseguito la vittoria, fe' di nascosto appressare la Reale Bandiera alle breccie di Castiglia, venendo accompagnato in quella da quattro mila Turchi. In questo mezzo gli Ingegneri suoi attendevano a disporre quel tanto che occorreva onde a suo tempo fare brillare la Mina, la quale fra una mezz'ora doveva essere del tutto in pronto. Tantosto la posta di Don Rodrigo Maldonado venne assalita con tale furore e veemenza, che lo stendardo sopraindicato e varie altre bandiere, furono di botto scorti sopra i parapetti, essendo elevati in guisa che agitati dal vento, ai nostri avverso, s'andavano sbattendo addosso alcuni dei difensori.

Le donne del Borgo a questa spaventevole vista, proruppero in lamenti e pianti. Già credevano che i Nemici si fossero penetrati nella piazza di Castiglia. Tutto appariva confusione e trambusto. Il Gran Maestro da sulla piazza ove stava fe' toccare all'arme. Egli col suo magnanimo sembiante, stesa la mano alla celata, in capo se la pose; e dato di piglio alla picca, si mosse alla volta di quella posta, a quel concitato passo che l'età sua comportava. Intanto gridava: — Su fratelli e figliuoli miei;

nel nome di Dio, andiamo tutti a morire quivi con l'arme in mano.—Giunto che egli fu al capo della strada in cui metteva la porta per la quale si entrava alla piazza di quella posta, non s'imbattè e molto meno scorse alcuno degli Inimici, come già si era immaginato. Ciononostante si risolse di fare il duplice ufficio di capitano generale, e di semplice soldato. Fermando quivi il passo, si fe' porre il corsaletto e poscia la sopraveste, ed eccolo pronto a ripugnare anch'egli i Barbari, o morire da prode combattendo. Tutti coloro che ve lo seguirono, animati vieppiù dalla presenza di un tanto uomo grande, si cacciarono di lancio avanti, frapponendosi a quei che combattevano sur i parapetti. La posta del Capitano Luserches fu in questo mezzo ridotta ad un disperato termine. Una palla partita dal Castello St. Angelo col disegno di rovesciare lo stendardo nemico, per fallace mira ne lasciò sette soldati dei nostri uccisi. In questo frangente morirono degni di eterna memoria, Marco Vasco, domestico del Gran Maestro, e Domenico Burlò, Maltese, i quali opposero, e contrastarono intrepidamente il passo ai Nemici, rimanendo costoro risospinti, tosto sopraggiunto che fu Don Rodrigo col soccorso.

Sopravvenuto appena La Valette si spinse anche egli avanti, adoprando da valoroso la picca in mezzo agli altri difensori. Provò grande consolazione nel vedere finanche le donne ed i fanciulli trarsi valorosamente innanzi. Il Commendatore Fra Don Pietro de Mendozza, investito del comando di quella posta, accorgendosi che il Gran

Maestro si faceva con prescia avanti, mosso dal grande amore che gli serbava, subito andogli incontro, ed inginocchiatosegli, lo esortò in idioma spagnuolo, che si volesse ritrarre, dicendogli: —" Ah Signore Illustrissimo, volete che i Nemici v'uccidano, e che sia perduto il tutto?"— La Valette vedendo che la principale bandiera nemica stava ostinatamente mantenuta sul parapetto, proruppe a rincorare ad alta voce i suoi, scongiurando tutti perchè si avventassero a togliere quello stendardo. Egli favellava in guisa che avrebbe fatto lagrimare financo i sassi; e prestossi generosamente a combattere da semplice soldato, esponendosi la vita per amore di Dio e della patria, e per la salute di tanti innocenti fanciulli. Fu siffattamente importunato a ritrarsi, chè alla fine calò giù dal parapetto. Ed i nostri combattendo da valorosi ed intrepidi guerrieri, superarono mirabilmente l'ostinato furore del barbaro nemico. Intanto si vedeva perchè i Turchi s'intestavano attorno quello stendardo, ed altre bandiere, dappoichè attendevano da un momento all'altro l'esplosione della Mina. Piacque al Signore che quella sortisse vana, mercè lo sfiatatojo della contrammina. Gli assediati mossi dall'impavido ardire di Mata Moros, Soldato Spagnuolo, e di Truxillo, Camerata di costui, rovinarono giù in quella un fuoco sì fattamente misturato che, schizzando lunghe e veementi fiamme, alcuni dei Nemici vi dovettero rimanere soccombenti. Quella poca polvere che era stata fin'allora commessa alla Mina, prendendo

Capitolo XI. 183

fuoco, sfogò il suo micidiale impeto contro gli stessi minatori, restandone morti alcuni, ed altri feriti. Quegli altri Turchi se ne ritraevano tutti confusi ed atterriti, strascinandosi dietro i morti loro compagni. Lo stendardo la cui palla dorata era stata rotta, stracciato come era, cadeva a terra in molti brani in quella che si erano volti alla fuga. Pialì acceso vieppiù d'ira, faceva bersagliare furiosamente contro Castiglia per tutto il rimanente del giorno non che sino alla sopravvenuta notte.

I segnalatisi due Soldati Spagnuoli, ebbero dal Gran Maestro un generoso guiderdone. Mata Moros, animato vieppiù per questa liberalità di La Valette, volle ritornare a riconoscere la Mina, quando con dispiacere di tutti ebbe a lasciarvi la vita. Fu stimato prudente otturare quel pertugio, e fortificare la contrammina dal lato esterno, lasciandola intanto aperta dalla parte interna, e munita di guardie e di fuochi artificiali. Il Maresciallo all'udito fracasso succeduto nel Borgo, spedì il Capitano Martelli a capo di alcuni Cavalieri e Soldati, onde prestare soccorso al Gran Maestro. Questi stava di animo sospeso ed ansioso in riguardo alle cose della Senglea; si rallegrò di assai nell'udire che quivi era il tutto occorso prosperamente. Molte ragioni concorrevano a prevedere un altro generale assalto. La Valette in questo mezzo mutava dimora recandosi ad alloggiare nella casa di Anna Rosel Madre di Pericco, in Francia stimato, ed appellato il Capitano Maltese. Tale abitazione giaceva presso la posta di

Castiglia. Parendo a molti che egli si stesse pericolando tuttora la vita, lo esortarono perchè volesse ritornare al solito alloggiamento, cioè nella bottega di quel Mercante sulla piazza del Borgo. Egli ne impose silenzio, e si espresse in questa guisa:—" In nessun luogo migliore, nè più onorato, potrei finire settant'un anno di vita."— E disse infine altro, dimostrando che non avrebbe voluto mai sopravvivere in caso che Malta fosse caduta in mano dell'Inimico. Quindi nell'anzicennata casa, ei dimorò sino agli ultimi dell'assedio.

Dopo un continuo tremendo battagliare, Sei mila Turchi furono fatti appressare alle breccie di Castiglia, facendo altrettanti lo stesso presso l'Isola di S. Michele. Le sentinelle, benchè protette dai deboli ripari di qualche cesta e coffa di terra ripiena, non tralasciavano di innoltrarsi coraggiosamente a spiare le mosse del Nemico. Il meno che fosse, cinque di quelle al giorno, non mancavano di soccombere per ogni posta. Ciononostante non decorreva mai che altre invece, ancorchè sicure di cadere pure vittime, non sottentrassero.

Si era più volte già tentato di sorprendere gli assediati dell'Isola di S. Michele, senza che mai si fosse ottenuto il bramato effetto. Mustafà volle pure un'altra fiata ritentarlo; talchè di notte tempo una scelta mano di uomini, armati di squarcine e di targhe, si mosse contro l'Isola della Senglea; e montando pian piano ai parapetti, prescoglieva quei lati ove tutto appariva placido e tranquillo. Don Antonio Enriquez, Soldato del defunto

Maestro di Campo, ed il Cavaliere Fra Ferrante Coyro, Milanese, giovanotto di coraggio e di valore pieno, accorgendosi ambi che i Turchi erano loro addosso, scaricarono loro contro gli archibusi, e diedero allora di piglio alle picche, gridando insieme: *All'erta! all'armi!* Non era trascorso un attimo prima che ciascuno stava all'ordine: Era usanza dei nostri di riposarsi vestiti; ciò valse non poco che l'Inimico venisse a tempo resistito e respinto. Nel lieve interrotto sonnicello che a grave stento conciliare potevano, avvertivano di coricarsi armati sotto i parapetti, mentre che l'elmo ed il morione facevano le veci dell'origliere. Infraditanto le cose erano pericolate in guisa che poco mancò che i Turchi non vi si fossero penetrati per la posta delle botti, e per la cortina di Don Carlo Ruffo. Gli assalti venivano rinfrescati e reiterati per tutte le poste della Senglea. La buja notte appariva un chiaro giorno: le vive fiamme e gli strepitosi lampi schizzanti dagli ardenti missili che i combattenti l'un l'altro si lanciavano, offerivano all'umana vista la più orrenda e spaventevole scena. Sì malconci ebbero a trovarsi i Turchi, che da indi in poi non osarono di cimentarsi più di notte.

Eglino per lo scempio incontrato apparivano compresi di orrore e di spavento. Il loro primiero coraggio si era talmente affievolito, che non azzardavano farsi tanto avanti, dando bensì a divedere col semplice schermire ed urtare delle armi fra loro di essere tuttora impegnati in combattimento. Con ciò stavano ingannando i loro Capitani, i quali a forza di esortazioni, minacce, e busse, gli spronavano avanti, onde non venisse discontinuato l'incominciato assalto. Intanto nell' intrepido e giudizioso procedere del Maresciallo Couppier, si ammiravano le nobili e rare qualità del defunto Maestro di Campo. Egli andava scorrendo per ogni parte d'intorno, facendo l'ufficio in un tempo di padre e di capitano. Esortava, animava ed avvertiva gli assediati per timore che non occorressero inconvenienti, tanto pericolosi di notte tempo; ed andava non meno provvedendo a tutto il necessario per la pronta difesa dei suoi.

I primi albori della domenica, il 19 di agosto, erano in sul loro nascere. Ritiratisi gli assalitori, le artiglierie riprendevano a saettare contro i ripari dei nostri. Questo fuoco durò sino all'apparire del sole. In questo i Turchi intraprendevano l'assalto contro la posta di Castiglia, e tutta la Senglea ad un tempo. Alle voci di *Halla! Halla!* tutto si vedeva coperto di fuoco, d'armi, e di bandiere. I nostri rincorati al Borgo dal Gran Maestro in persona, ed alla Senglea dal Maresciallo stesso, andavano spiegando il più alto valore.

E così in questo come nei due seguenti giorni si segnalarono, che meriterebbe ciascuno per sè una storia particolare. A sì orribile termine erano giunti gli assediati, che si trovarono costretti di combattere in ginocchioni. Non si scorgevano più ripari; tutto per le palle e le zappe era consumato. Se talvolta qualcuno si fosse azzardato di combattere a piedi, non poteva seguire che egli rimanesse illeso. E se per avventura si fosse fatto l'abbandono di luoghi simili, non vi aveva dubbio che il tutto non sarebbe perduto. I Turchi nelle molte e spesse rimesse date all'Isola di S. Michele, sempre furono gagliardamente respinti. Eglino onde costringere i nostri ad abbandonare il Revellino del Cavaliero di S. Michele, spingevano loro contro un barile a cerchi di ferro, il quale fumava in guisa che si prevedeva qualche rovina. Gli assediati contro gli Inimici lo rovesciarono, e quindi crepando, rendè un subito lampo ed uno strepito tremendo. Molti di costoro rimasero soccombenti, offesi dai vomitati sassi e dalle scaglie di ferro con cui era stato carico. La posta delle botti e l'attigua cortina furono ridotte ad un grave pericolo. Ciopurnondimeno fu questa valorosamente difesa, benchè alcuni de' nostri vi cadessero vittime.

La posta di Castiglia dal fare del giorno sino a notte fitta, rimase continuamente travagliata per gli spessi furiosi assalti. Fu mestieri che il Maresciallo la soccorresse. Pialì Pascià appigliandosi a mezzi coercitivi si adoperava quanto mai a stimolare i suoi avanti.

Diversi ebbero in questa fazione ad incontrare la morte. Don Rodrigo Maldonado, come combatteva in ginocchioni, restò ferito gravemente. A molti altri accadde lo stesso. Giovanni d'Orti di Eguaras, e Marco Antonio de Soria sarebbero rimasti soffogati, non fosse stato per il pronto soccorso del Commendatore Fra Girolamo Sagra. Una grossa tenda involta di terra bagnata, percossa da una palla di cannone, ricadde loro addosso da sul parapetto dove andava servendo di riparo. Quest'ultimo asceso essendo sul tavolato di quella posta, quasi del tutto scoperta al Nemico, vi si mantenne fermo e saldo insieme coi suoi compagni sino all'ultimo dell'assalto. In questo frattempo ebbe a venire da petto a petto coi Nemici. Una bandiera di colore giallo e verde fu loro tolta di mano. Il loro orgoglio venendo rintuzzato, si ebbe tempo a fortificare viemmeglio la posta sopraddetta. Il Cavaliere Fra Don Francesco de Guevara andava rincorando i suoi con un Crocifisso in una mano, e nell'altra la spada. La posta, mercè il valore e gli incredibili sforzi degli assediati, ebbe ad essere in qualche modo rassicurata.

Avvenne un'altra volta che lo stendardo innalberato sulla posta del Buoninsegni venisse rovesciato per una palla tirata dal Bastione del Salvatore. I Turchi non mancarono di trarne il solito vano oracolo. Fra Bartolomeo Pessoa, Portoghese, Paggio del Gran Maestro, pieno di animo corse tantosto a rimetterlo. Frattanto l'Inimico cacciando urli spaventevoli, riassaltò la posta ora accennata con molto impeto e furore. Alla posta di Claramunt il suo orgoglio veniva rintuzzato, essendo anche rimasto molto malconcio ed offeso. La posta del Buoninsegni si andava riducendo al più disperato termine. I Turchi prevalendosi del comodo dei ripari, s'innoltravano protetti fino ai parapetti della medesima. I moltissimi fuochi artificiati lanciativi dentro, era davvero un che di spaventevole. In questo frangente alcuni si trovavano astretti a piegare, cercando di sottrarsi a forza di acqua dagli effetti di quelle tenaci fiamme. I Turchi si erano appressati ai nostri in guisa tale che si potevano ferire coll'arme in asta. Il Capitano Buoninsegni ferito in un occhio, e coperto di fiamme, veniva in quello stante soccorso e rimosso dai suoi onde essere medicato. La posta, priva del suo Capitano, andava ricadendo in pericolo. Ciò malgrado la poca gente impegnata allora nel resistere i Barbari, si seppe mirabilmente distinguere. In questa fazione Don Luca Borgia, e Don Garcia de Mendozza si condussero da prodi guerrieri. Il Gran Maestro accorrendovi armato, rimase ferito in una gamba da una scheggia di pietra, per cui si trovò obbligato per parecchi giorni di sorreggersi ad un bastone. E benchè molto addolorato, non tralasciava di provvedere a quanto fosse stato mestieri. Intanto nel capitanato di Buoninsegni subentrò Fra Ceneio Guasconi. I Turchi col mezzo di uncini inastati tentavano di rovesciare il riparo di legname. Il Guasconi bene protetto per l'armatura che indossava, e con celata a prova di archibuso in capo, diè di piglio ad una picca di fuoco, e là di botto ascese con ardimento sul parapetto. Due soldati armati similmente ve lo seguirono. Trovandosi di situazione avvantaggiosa, abbatterono le insegne all'Inimico; ne uccisero i più ostinati; ed appiccarono fuoco a molti loro sacchetti. I Turchi venendo in questo modo incalzati, abbandonarono gli uncini; ed i nostri allora fattisi con maggiore ardire avanti, potevano adoprare liberamente i missili infuocati, e con tanto fortunato successo, che gridavano: *Vittoria! Vittoria!* Il Capitano Guasconi in tale segnalata fazione toccò una ferita nel braccio per una archibusata. Ed innoltre uno di quei due soldati valorosi cadeva vittima. La Valette lodando il magnanimo ardire del Guasconi, lo abbracciò teneramente; e stantecchè costui era obbligato di farsene curare, volle La Valette medesimo rimanere al soccorso della posta di lui. Fu però dissuaso, e quindi ne subentrarono a difenderla, il Balio F. Pietro Felizes, il Commendatore di Marsiglia Ventimiglia, e Don Giovanni della Rocha Pereiro. Questi si era già prima segnalato, essendo stato alla posta di Castiglia. Accadeva in fra di tanto un infausto accidente. Come uno dei nostri si adoprava di sottrarsi alle incendiate sue vesti; e radendo egli con due barili di polvere pieni, essi presero fuoco, e cagionarono l'accendimento di un mucchio di pignatte artificiate. I Turchi traendone vantaggio, rinnovarono l'assalto. Tanto estesa fu la quantità di fuochi lanciata contro i nostri, che ebbero ad essere ridotti al più crudele termine. Urtandosi l'un contro l'altro, per essere dalle fiamme sopraggiunti, correvano ad immergersi nelle acque. La posta del Buoninsegni veniva nel frattempo ristorata dal Capitano Fra Stefano de Claramunt a capo di dodici Soldati. I Nemici furono risospinti con notabile loro danno. Il Gran Maestro in riconoscenza del valore spiegato da

Claramunt, gli spediva col Paggio Giovanni Montalto lo Stendardo Magistrale della sua Galera, *la Capitana*. Il Claramunt, l'ebbe appena ricevuto, si fe' a sventolarlo davanti gli Inimici. In quella molte bandiere vennero agitate dai nostri, i quali fischiando, e schiamazzando, andavano imprimendo grave terrore nei Turchi. Costoro intanto verso il tramontare del sole, si ritrassero tutti confusi e smarriti. Un soldato di Claramunt per nome Lorenzo Puch, Majorchino, spinto da mera gioja, e correndo animosamente per lungo la cortina, sventolava una bandiera con pericolo della sua persona, e gridava: *Vittoria! Vittoria!*

In tale condizione orribile e disperata, una sola ricreazione ne ritraevano gli assediati: ed era che quando i Turchi si ritiravano dagli assalti, ne facevano cadere morti non pochi col mezzo di archibusoni da posta; e ciò avveniva segnatamente in questa ultima occasione quando i Turchi si andavano affrettando a trasportare i cadaveri dei loro compagni. In questo mezzo i nostri mettevano in esecuzione un ritrovato curiosissimo: allorachè avessero avuto da dare la caccia all'Inimico, nel modo testè indicato, solevano ungere la palla dell'archibuso di lardo. Si provò che oltre la ferita che ne veniva talora prodotta, le loro giubbe tosto ne pigliavano fuoco; di maniera che pel fumo che ne esalava, si poteva arguire che il tiro non fosse sortito frustraneo. I Turchi non cessarono di fare fuoco sino alla sopravvenuta notte. Non decorreva molto tempo che i nostri fossero ripetutamente travagliati di missili ardenti. Gli assediati supponendo che il disegno dei Turchi fosse quello di dare assalti notturni, erano costretti di non allontanare il piede dai parapetti. Avveniva quindi che si trovassero sopraffatti dal sonno e dalla fatica.

Emergeva che il disegno principale dell'Inimico non poteva essere altro se non che di obbligare i nostri a consumare le munizioni, onde in siffatta guisa potesse essere libero da quegli ostacoli del fuoco che tanto bene andavano rintuzzando il suo ostinato orgoglio. Animati i Turchi da tale speranza, inventarono certi grossi morioni ossiano mantelletti di legno fabbricati in modo che se ne coprivano il capo e le spalle. Un tale ritrovamento serviva specialmente a ripararli dalla furia delle tempeste delle sassate e dei fuochi artificiati.

CAPITOLO XII.

Nel lunedì, il 20 Agosto, dopo d'avere battuto furiosamente per un lungo tratto le mura, otto mila uomini furono veduti appressarsi all'Isola della Senglea, mentrecchè altri tre mila si facevano alla volta della posta di Castiglia. Armati come erano di tali morioni, assaltarono tutto di botto le poste e le breccie dell'uno e dell'altro luogo. E quantunque fosse loro riescito di piantare molte bandiere sopra i parapetti, era tornato loro vano del tutto potersi maneggiare, stante la grossezza e la spaziosità delle così dette mantellette. I nostri con le armi in asta, gli affrontavano e rovesciavano ben di leggieri. Quindi avveniva che i morioni abbattuti, si frapponessero alle gambe degli assalitori, causando loro in un tempo ed intoppo e confusione. In ciò gli assediati contribuivano non poco : facevano rotolare lor contro grosse pietre e palle di ferro, oltrecchè piombavano loro addosso diversi fuochi artificiati onde restavano molto male conci e messi in isbaraglio. Il Maresciallo si adoperava a rintuzzare l'orgoglio di Cheder Sangiach Bei della Bosnia, soldato vecchio: questi, seguito da una mano scelta di Spahì, si era quasi inoltrato al parapetto col suo stendardo. Benchè tale temeraria ostinazione avesse all'Inimico costato molto sangue, pure non di meno veniva quello mantenuto inalberato per qualche tempo. Cheder Bei risoluto di penetrarvi, ebbe ad incontrare valorosa resistenza, ed infine la morte ancora. Alcuni dei bravi che lo seguivano caddero pure vittime.

Il Sergente Maggiore, Fra Don Costantino Castriota in questo mezzo si segnalava da valoroso guerriero; ma la sorte volle che ei fosse gravemente ferito. Fu surrogato per Fra Francesco de Puget, di Provenza. Il Capitano Giovanni della Cerda ebbe ad essere anche egli mortalmente ferito; e di fatto decorsi pochi giorni passava all'eterno riposo. Molti altri in questo difficile frangente finirono la vita con onore; fra i quali particolarmente il Balio dell' Aquila Fra Pietro Felizes de la Nuza.

Il Maresciallo benchè avesse anche egli riportato qualche lesione, andava d'altronde ben lieto nell'avere ottenuto segnalata vittoria sopra niente meno otto terribili rimesse. I Turchi in questo combattimento riceverono maggiore danno di quello che avevano sofferto alla posta di Castiglia. L'Alfiere della Religione, Frate Antonio du Fay, soprannomato San Roman, ucciso per una cannonata che portogli via il capo, venne surrogato nell'ufficio di Sargente Maggiore dal Cavaliere Fra Don Giovanni de la Rocha Pereiro. Questi, non che molti altri, benchè male conci ed ammortati fossero, compierono azioni le più generose, omai degne di ricordo, ma per malaventura, attesocchè ciascuno stava al proprio dovere intento, devono giacere sepolte nell'oscura oblivione.

Tali ostinati e temerari assalti davano molto a ruminare agli assediati. Era un fatto assai dubbio se i due Pascià abbandonassero quella impresa, senza avere pria ottenuto lo intento prefisso.

Occorse che un Ajutante da Bombardiero ed un Marinaro Greco, paurosi di essere tagliati a brani, si determinarono di rifuggire presso gli Infedeli; vennero condotti al cospetto di Mostafà; e questi, prevalendosene, fingeva in pubblico che il Gran Maestro gli avesse inviato quei due uomini coll'offerta di molti barili di oro pieni, perchè accedesse a trarlo dell'assedio.

Per un bando pubblicato con astuzia, Mostafà concedeva ai suoi di dare il sacco, simulando di volere serbare solo pel Gran Sultano la persona del Gran Maestro. Con questo mezzo riuscigli di stimolare vieppiù i suoi ad esaurire ogni mezzo in loro potere. Egli conosceva molto bene l'avidità nei Turchi per l'oro.

Intanto già era l'estate volta al suo termine; ed i Turchi stavano di animo abbattuto e depresso. Le loro munizioni da guerra e da bocca erano già quasi del tutto smaltite. Il bisogno del soccorso veniva da loro sentito in estremo. Già si disegnava chiamare da Levante qualche sussidio. D'altronde i due Pascià, non avrebbero osato mai cimentarsi alla presenza di Solimàn, laddove non avessero soggiogato questa Isola. A molte esortazioni ebbe a ricorrere Mostafà onde persuadere i suoi a continuare coraggiosamente l'assalto. Gli Spahi ed i Giannizzeri si protestavano che a meno che i loro Capitani ed Ufficiali non fossero stati i primi a spingervisi, non si sarebbero mai più mossi, confessando con ingenuità che non bastava loro animo inoltre a riprendere gli assalti. Gli Emiri, gli Sceriffi, i Papassi, ed i Dervisi, (1) non che una grossa turba di Mori, chiesero spontaneamente a Mostafà perchè accordasse loro di arrischiarsi all'assalto. Questi prevalendosi di tale generosa esibizione, dimostrò ai renitenti quanto disonorevole sarebbe stata la loro condotta, se mai venisse dato che fosse riuscito a quei deboli di togliere la palma della Vittoria. Tale dimostrazione non mancò di produrre il desiderato effetto. Talchè gli uni, e gli altri a combattere

---

(1) Emir; nome dato in Turchia ai discendenti di Maometto per linea di donna.
Sceriffo giusta la Storia Araba è il nome apposto ai discendenti di Maometto per via di Fatima figlia di costui.
Papasso nome che i Cristiani danno a quelli che dai Mori vanno tenuti in luogo di Sacerdoti. Lo stesso nome poi è apposto ai nostri Sacerdoti dai Musulmani.
Dervisi è voce Persiana che significa Povero; nome dato in Turchia ad una sorta di Religiosi che menano una vita austera, addimandati comunemente Santoni.

risoluti, vennero disposti in diverse schiere, perchè ad un tempo si movessero con ordine all' assalto.

Il Gran Maestro trovandosi sprovveduto di gente, ingiunse al Cavaliere Fra Gabriello Serralta, Majorchino, Prodomo dell' Infermeria, a procedere alla formazione di una lista dei malati e feriti. Fatti raccorre quelli che reggere potevano, si mosse subito a visitarli. Esortò tutti che volessero ritornare a combattere; e onde animarli mostrò loro la ferita che toccata aveva nella gamba. Le poche parole dette a cotesto riguardo, servirono ad infiammare gli animi; talchè non rimasero nell' Infermeria che quei che non si potevano mantenere fermi.

Accadde che in quella medesima sera, venisse dal campo nemico tirata al Borgo una saetta infilzando uno scritto in cui apparve la parola: *Giovedì*. Il Gran Maestro avvalendosene, rappresentolla quale contrassegno proveniente dai suoi esploratori, i quali lo prevenivano che l' Inimico dato che avesse un altro assalto, avrebbe abbandonato poscia l' impresa. Tale dimostrazione non fe' altro che convertire il timore in una confidente speranza di vittoria. Tutti apparivano robusti d' animo, e risoluti vieppiù a combattere. Nella sopravvenuta notte i Barbari ripresero a scagliare fuochi artificiati, costringendo i nostri a stare vigili con l' arme in mano.

Agli albori del martedì, 21 di Agosto, i Turchi iniziavano un altro assalto generale. Toccato all' armi sì nel Borgo che nella Senglea, i Nemici vennero dai nostri sfidati alla battaglia, attesocchè per esperienza si era conosciuto, che il provocarli, affievoliva loro l'animo di molto. Allo spuntare del sole, sparate appena le loro artiglierie, si avventarono contro le breccie ed i posti già smantellati, adoprando maggiore violenza all'Isola che al Borgo. Si combattè per ben sei ore continue. La ventura ora piegava all'una parte, ed era all'altra. Ritornarono a dare due rimesse di seguito, le quali durarono sino alla sera. Si stette quel giorno a stretto combattimento forse oltre dodici ore. Il fumo che dai fuochi andava esalando, ostava che gli uni si accorgessero degli altri. I due Pascià onde ammortire le energie degli assediati, avevano fatto scaricare con bell'ordine le loro artiglierie. L'impeto degli assedianti col fracasso del bombardamento veniva alternato con orrore. Lo intento dell'Inimico era di sforzarmi l'entrata. I nostri a furia delle armi, e dei fuochi ardenti riuscivano a ributtarli mirabilmente. Le donne ed i fanciulli questa fiata ancora vi contribuirono con maggiore animo, lanciando loro addosso una continuata grandine di sassi, non che di triboli di ferro, i quali oltre che ferivano, si provarono di ottimo ostacolo a contrastare il passo. L'ardore del combattimento fu spinto a tanto, che i principali Capitani ed Ufficiali del Nemico vennero alle mani coi nostri. Orribile tornava lo spettacolo in cotesto giorno.

Il Gran Maestro rilevato che ebbe il disordine che succedeva, ingiunse che niuno si dovesse muovere dal proprio posto all'oggetto di ritirare qualche morto o ferito. Questa volta i Turchi invece di saette lanciarono molte zagaglie rosse colle quali andavano cagionando gravi danni. Fra altri un tale Giaime Ferrer, scrittore della relazione di cotesta guerra, ne fu ferito. Avvenne che molti Santoni e Mori ne pagassero il fio. Poco mancò che il Rivellino di S. Michele non venisse tolto di mano ai nostri. Diversi perderono la vita tra costoro, all'occasione che si prestava soccorso a quello. Un valoroso giovine Maltese, esponendosi al più evidente pericolo, ebbe il destro di scacciare dalle rovine del Forte S. Michele un archibusiere, il quale, al riparo di sacchetti di arena, aveva ucciso e ferito oltre ad ottanta uomini ridotti nelle poste del Maestro di Campo e di Don Carlo Ruffo. Questo giovine intanto non vi adoprò altro che un crocco raccomandato alla punta di una picca, col mezzo di cui riuscivagli di aggrappare quei sacchetti e di mano a mano spiccarneli. Fortuna volle che la vittoria si piegasse ai nostri. Era d'altronde ben evidente che una potenza sovrumana gli andava sorreggendo. Gli spiriti si rinvigorirono; e le stanche membra riebbero vita. I Nemici ritraendosene, non discontinuarono punto l'offesa. Le donne ed i fanciulli, deposto ogni timore pel fuoco saettato, non si davano per minimamente sbigottiti. Fermi stavano nel vedere cadersi allato tanti corpi smembrati e mal conci; anzi non mancarono di essere intrepidi e valorosi, specialmente nello stare di continuo a lavorare attorno i ripari; nel lanciare le sassate; nel ritirare i morti; nel soccorrere i moribondi; e nell'arrecare rinfreschi agli affievoliti combattenti ai cui parapetti risolutamente facevansi, e fin anche a manifesto disprezzo della morte. La Valette, il quale era stato sempre quasi costantemente nella Piazza di Castiglia, confessò che non si era mai prima tenuto così perduto come in questo giorno.

Avendo egli saputo che il Maresciallo era rimasto similmente vittorioso, andò con tutta devozione alla chiesa di S. Lorenzo a rendere le dovute grazie al Signore. Ora avendo ei già compito l'ottavo anno del suo Magistero, volle cenare grandiosamente; di maniera che invitò alcuni Signori del Consiglio, ed altri personaggi Spagnuoli che erano qui giunti col piccolo soccorso in un al Robles. Si tenne dipoi discorso sul soggetto della guerra. La Valette quivi dissimulò il cordoglio da cui era compreso per la tardanza del gran soccorso; dubitava se a buon tempo avesse potuto venire.

La situazione di Malta era assai deplorabile. La forza e le munizioni si andavano ogni giorno sensibilmente esaurendo. Accadde che i Nemici questa volta ancora si ritraessero confusi ed avviliti. Non era stato possibile per alcuni giorni che Mustafà gli avesse potuto spingere a rinnovare l'assalto. Questa circostanza porse un ottimo campo ai nostri onde potere ristaurare i parapetti. A questo uopo si era ricorso al legname delle galere vecchie, e fin anche ai materassi del Palagio Magistrale.

Il Gran Maestro usando liberalità verso il ben noto Bajada, fe' in modo che venisse spinto alla città Notabile con lettere al Commendatore Mesquita, e a Don Garcia, ad oggetto di fare a costui conoscere lo stato estremo delle nostre fortezze. Nelle medesime lettere il Gran Maestro si doleva per la lentezza, e la irrisoluzione in riguardo ad un soggetto di sì alta importanza.

I Nemici per qualche tratto sospesero il fuoco. Fatta quindi la rassegna di tutto l'esercito, si verificò la mancanza di diciotto mila uomini. Dalla punta di St. Elmo all'altra delle Forche fu distesa una catena di alberi da bastimenti, e così la bocca del Gran Porto trovossi chiusa in un modo che ogni comunicazione rimaneva troncata. Questo fatto provocò negli assediati varie congetture: la più pressante e verosimile era questa: si argüiva che l'Armata Cattolica fosse in cammino a questa volta. Frattanto il Gran Maestro con sommo contento inferiva che i Turchi non fossero entrati in sospetto circa il modo come si attendeva il soccorso. Don Garcia ne fu fatto inteso, perciò dovette ricredersi del dubbio sortogli che i Turchi avessero penetrato i disegni suoi.

Venne dato che molti nobili avventurieri, e soldati, concorressero in Messina, desiderosi tutti di prestare ajuto alla Religione di S. Giovanni. La fama della generosa virtù e dell'alto valore degli assediati di Malta, era corsa per tutto il mondo. Già erano tre mesi che avevano sostenuto un tanto crudele assedio. Molti Personaggi illustri sollecitavano Don Garcia perchè si movesse al soccorso di questa Isola; ed a ciò veniva meglio importunato da quasi dugento e cinquanta Cavalieri di diverse Lingue, ma della medesima Religione di S. Giovanni i quali si erano pur quivi concentrati. Oltre il Priore di Messina eletto già Capitano del soccorso, v'erano altri cinque personaggi della Gran Croce: l'Ospitaliere Fra Jacques d'Arquembourg, il Gran Conservatore Fra Pietro de Junnieut, il Priore d'Alvergna Fra Luis de Lastic, il Priore di Barletta Fra Don Vincenzo Gonzaga, ed il Balio di Majorca Fra Nofre de Monsuar vecchio oltre gli ottanta anni, il quale in quella età si era disagiato, risoluto di finire i pochi giorni che gli sopravanzavano in servizio della Sacra Religione. Il Conte Broccardo Persico Commendatore di Cremona, eravi andato pure con molti uomini levati a proprie spese. Tali Signori insieme coi Capitani Cornison, St. Aubin, e Salvago, ed altri Commendatori e Cavalieri si recavano spesso dal Vice Re onde esortarlo perchè non volesse prolungare la partenza del soccorso. A ciò si era moltissimo cooperato il sopradetto Priore Lastic vecchione grave, e guerriero sommo, dal Re di Francia molto stimato in vista delle sue segnalate fazioni contro gli Ugonotti, e siffattamente che lo chiamava Padre. Questo grande uomo non omise di rappresentare al Vice Re la vergogna ed il danno che a tutta la Cristianità sarebbero stati a ridondare, laddove mai si fosse lasciata in abbandono una sì fatta eroica e generosa resistenza, tale quale quella dei difensori di Malta. Tenuto consiglio in Messina, il Vice Re diè conto delle diligenze che in riguardo al gran soccorso andava impiegando, e rese anche noto che S. M. il Re Filippo gli avesse ordinato di soccorrere Malta, malgradochè l'Armata Cattolica si dovesse mettere a manifesto rischio di andare in rovina. Furono quindi fatte leggere le istruzioni dello stesso Re delle quali era stato portatore Stefano de Mari.

Il Re aveva inteso eziandio che l'armata Turca, dopo esaurita l'impresa di Malta, disegnava procedere alla Goletta; quindi avendola raccomandata a Don Garcia, fu rinforzata e provveduta del necessario. In questo mentre il Capitano Andrea Salazar ritornava in Messina da Malta. Fu riunito di bel nuovo consiglio, quando il Vice Re dichiarò che avrebbe lasciato in sua vece Antonio Doria finattantochè avesse durato la sua assenza. Il Capitano Andrea Salazar relatò sul modo come aveva riconosciuto l'Esercito Turchesco, e presentò ad Ascanio della Corgna il discorso che gli era stato consegnato all'uopo dal Capitano F. Vincenzo Anastagi; desso fu letto e molto encomiato. Egli soggiunse che Dieci mila Fanti sarebbero stati sufficienti per ottenere il desiderato effetto; — che si sarebbe potuto fare lo sbarco al Migiarro od alla Melleha; — che i Turchi erano soliti fare il giro dell'Isola alla sera od al mattino, fermandosi sulle ancore, ora alla Cala di S. Paolo ed ora alla Cala delle Saline donde i luoghi proposti pello sbarco rimanevano invisibili; — e conchiuse con dire di avere lasciato Pedro de Paz con alcuni Maltesi sulle alture della Melleha, all'oggetto di farvi la guardia e darne i contrassegni.

Antonio Doria sulla spedizione del gran soccorso stette alquanto in dubbio, affacciandosegli anche alcune difficoltà. Egli non intendeva dissuadere la partenza del soccorso, ma solo rappresentare la necessità perchè maturamente fossero preveduti tutti gli inconvenienti nei quali incorrere si potesse.

Il Vice Re desiderava di molto liberare Malta, stimata allora pure non poco interessante. Frattanto nella Armata Cattolica era riposta la difesa e la sicurezza del Mondo cristiano; era quindi indispensabile che si procedesse con avvertenza e maturità, molto più che in sin dall'arrivo di Assan Aga Re di Algieri, Malta andava sì di giorno che di notte circondata da Ottanta galere.

. Dall'altro canto Ascanio della Corgna era di sentimento che senza alcuna perdita di tempo se ne dovesse sollecitare lo sbarcamento, essendo oggetto non solo ragionevole e conveniente, ma pure di assai necessario pel servizio di tutta la Cristiana Repubblica. Egli perciò rappresentava che la quiete e la sicurezza del Regno della Sicilia, e degli altri Stati propinqui sarebbero onninamente a dipendere dalla liberazione di Malta; dappoichè espugnata che i Turchi questa avessero, tenendoli in dispregio ed in vilipendio, non avrebbero calcolato punto nè valore nè forza, e quindi inorgogliendosi vieppiù, non avrebbero stimato impresa difficile il procedere all'assedio di Messina, e l'aspirare finanche all'acquisto di tutta l'Italia.

I Consiglieri tutti nell'opinione sua concorsero con applauso; e segnatamente Giovanni Andrea Doria amico sviscerato del Gran Maestro La Valette, e Capitano marittimo assai valente. Egli con un prudente e ben fondato discorso si adoperò felicemente ad impugnare ogni contrarietà ed obbiezione, distrigando dal dubbio Antonio Doria. Fu risoluto che il soccorso destinato per Malta vi si movesse fra non molto.

In conformità a tale determinazione, il 20 ovvero il 21 (come altri vogliono) del mese di Agosto Don Garcia lasciò Messina con sessantatre galere le quali contenevano le ciurme di altre trentacinque lasciate nel porto di Siracusa luogo a cui faceva vela. V' erano anche le ciurme di altre undici galere rimaste in Napoli. Quivi era la Nave del Duca di Firenze, *La Fenice*, in un ad altre quattro, cariche di munizioni da guerra e da bocca, le quali, il Vice Re intendeva spignere all'Armata. Questi d'altronde contrammandò l'ordine, affinchè pria quelle andassero a Gaeta onde ricevere la gente del Duca di Urbino, il quale aveva già messo in assetto Quattro mila Fanti sotto la condotta dei Colonnelli Jacomo Malatesta e Pier'Antonio Lonati. Giunto Don Garcia alle coste di Taormina, fe' di mano a mano imbarcare la forza di Vincenzo Vitelli, e gli Spagnuoli di Catania. In questo mentre proseguì a Siracusa ove vennegli dato giugnere il 22 di Agosto. Quindi Don Garcia comandò che si facesse la rassegna del corpo dei Cavalieri di S. Giovanni, e di Santo Stefano, non che di tutti i Personaggi, e Nobili avventurieri di diverse nazioni, concorsi all'uopo da varie contrade. Costoro venivano retti sotto la Insegna del Cavaliere Fra Francesco de Lange sopranomato Lascienault. A questo corpo venne imposto il nome di Terzo della Religione; ed il suo comando fu devoluto al Commendatore Don Diego de Guzman col titolo di Colonnello, già disegnato Balio di Negroponte. Risultò che la somma di tale schiera arrivava a Mille ottocento persone ad un di presso. Fu dal Vice Re ordinato loro che si imbarcassero assieme con Cinque mila soldati dei Terzi di Lombardia, di Napoli, e di Corsica, e con Mille settecento Italiani del Colonnello Vincenzo Vitelli. Chiamati alcuni degli alti Personaggi a congresso, fu conchiuso che lo sbarco dovesse seguire nelle marine della Melleha. Gio-Andrea Doria essendosi generosamente esibito a riconoscere l'Isola di Malta, fu con molto applauso di Don Garcia spedito nella sera di giovedì 23 Agosto con la sola sua *Capitana* all'effetto sopra divisato. Fe'imbarcare seco Giovanni Martinez de Oliventia Cabeza de Vacca, il quale, come uomo giudizioso e pratico, veniva incaricato specialmente dell'ufficio de'convenuti segnali di fuoco all'Isola del Gozo. Lo stesso Doria aveva avuto istruzione di ridursi all'Isoletta di Linosa, dove Don Garcia sarebbe andato ad incontrarlo insieme coll'armata.

CAPITOLO XIII.

La VALETTE alla fine ricevè la ben consolante notizia che il molto desiderato soccorso sarebbe tra quattro o cinque giorni assolutamente comparso.

Venerdì il 24 del sopradetto mese di Agosto, il Vice Re visitò le Galere. Fe' disarmare quattro dalle Sessanta tre, riducendone il numero a Cinquanta otto bene equipaggiate. Vi vennero imbarcati alcuni pezzi di artiglieria da campagna, e circa Nove mila sacchetti di biscotto che pesavano da settanta cinque libbre l'uno.

In virtù delle istruzioni di Don Garcia di Toledo, fu Don Alvaro de Sande nominato Capo Principale dell'Esercito del disegnato Gran Soccorso, mentrecchè Ascanio della Corgna ne veniva prescelto nella qualità di Maestro di Campo Generale. Tali istruzioni furono rilasciate a bordo di una Galera alle alture di Siracusa, ricorrendo il 24 di Agosto, e venendo desse firmate da Don Garcia stesso e dal suo Segretario Juan de Soto.

Sopravvenuto il giorno 25, l'Esercito già si era del tutto imbarcato. Il Vice Re non omise di ragionare con esso, rappresentandogli la somma importanza della impresa da cui onninamente sarebbe stata a derivare la salvezza di tutto il Cristianesimo. Quei magnanimi guerrieri ne furono siffattamente commossi, che tutti ad unanime voce risposero di essere pronti e risoluti di morire per la difesa di questa Isola.

La Reale, appena dato il segno di partenza, pigliava l'abbrivo dal Porto di Siracusa, seguita dalle altre Galere, comprese tutte dalla più intensa allegrezza. Fu comandato al Conte di Leinì, Generale delle Galere di Savoja, di mettersi a vanguardia colle due sue Galere, con *La Capitana* di Giorgio Grimaldo, e con le altre di Stefano de Marì. In siffatta ordinanza si spingevano tutte alla volta di Capo Passaro donde il lungo atteso soccorso sarebbe stato a procedere a Malta. Avendo navigato in tre miglia dall'or cennato Porto, sopravvenne una burrasca, laonde l'Armata fu costretta di ridursi ed arrestare il corso per tutto quel giorno. Tale congiuntura prestò comodo a molti altri ad imbarcarsi, i quali, per la fretta della partenza e forse per altro ancora, erano rimasti a terra. Cessato il mare, ed il vento volgendo prospero, quelle Galere ripresero felicemente il cammino alla nostra volta.

Domenica il 27 di Agosto venne fatto che il Conte di Leinì pigliasse una Nave Turca, la quale, carica di munizioni da guerra e da bocca, andava in soccorso dello Esercito Turchesco. La presa di questa Nave tornò felicissima ai nostri. Essa intanto venne conveghata a Siracusa. Giovanni Martinez de Oliventia sbarcato al Gozo da Giovan Andrea Doria, riuscigli di riconoscere gli opportuni luoghi, e di abboccarsi con Pedro de Paz e con altre guardie appostate sulle eminenze della Melleha. Giovan Andrea Doria consegnò quindi le lettere di Don Garcia dirette al Gran Maestro nelle mani dello stesso Pedro de Paz dal quale tosto furono innoltrate al Commendatore Mesquita. In quella appunto il solito messaggiere Baiada essendo giunto presso l'anzidetto Mesquita con un dispaccio di La Valette, venne spinto collo stesso alla Melleha perchè lo commettesse alle mani di Gio-Andrea Doria il quale non se ne era ancora allontanato. Questi, appena certificatosi del modo come Giovan Martinez avrebbe fatto i segnali, si spinse alla volta di Linosa onde attendervi Don Garcia conforme gli era stato ingiunto.

Come quelle cose erano avvenute in Sicilia, i Turchi dai nostri venivano valorosamente ributtati negli spessi e feroci loro assalti. I soldati di Mostafà erano oramai stanchi a più combattere; e mal pesti ed atterriti non volevano sapere più di nulla. Questa circostanza affliggeva sommamente Mostafà. L'unica speranza che gli rimaneva in tale angustia non era altra che l'impaziente attesa di avere qualche soccorso per mezzo del quale avesse talora potuto espugnare quelle batterie già soffocate e sfasciate.

Intanto ei volle e si risolvè di adempiere l'assunta intrapresa. Pochissimo gli talentava di sopravvivere una fiata che non avrebbe giammai osato di presentarsi al trono di Solimano, coperto di obbrobrio e di viltà. Discorse sul proposito con Pialì e gli Ingegneri. Congregò consiglio, quando venne preso partito che si dovessero lasciare in riposo i soldati per qualche tempo. Furono promessi guiderdoni a coloro che avessero voluto spingersi di moto proprio a ritentare la entrata, e dare molestia agli assediati. Fu anche conchiuso che alcune Galere si movessero incontro alle navi che si attendevano dalla Barberia onde rimurchiarle in questo Porto.

Don Pedro de Pez aveva avvertito Gio. Andrea Doria di avere scorto alcune vele alle Saline (1). Si congetturava che potessero essere alcune delle attese in soccorso dell' Inimico. Varie altre disposizioni susseguirono, tanto in riguardo ad un sollecitamento per ulteriori soccorsi da Levante, quanto pure perchè si riponesse mano alla pala ed alla zappa onde in siffatta guisa fosse ottenuta quella agevolezza necessaria per un ultimo e finale assalto. In forza di cotesta risoluzione gli Ingegneri fecero in modo che si rizappasse sotto i parapetti della posta di Castiglia e sotto alle poste di

(1) La cala delle Saline.

S. Michele eziandio. Emergeva che lo intento dei Turchi fosse stato quello di scalzare le mura, cioè, di scavare i ripari d'intorno, e di sostenerli a mano a mano col mezzo di puntelli, perchè i nostri per siffatto modo non se ne potessero accorgere. Riuscita che fosse stata questa ben ardua e temeraria impresa, si immaginavano che avrebbero potuto legare molti canapi a quei pali, perchè, quando fosse caduto in acconcio, avrebbero strappato o rovesciato tutti quei sostegni in guisa che le mura cedendo, avrebbero procurato la rovina di quelle Fortezze le quali non v'ha dubbio sarebbero rimaste sfasciate e diroccate. Ciò ottenuto che avessero, arguivano pure che i nostri non avrebbero potuto rimediare a quel rovinìo, e che quindi sarebbero stati eglino ben a tempo di potervisi cimentare con maggiore sicurezza ad un improvviso generale assalto. Per tutta la seguente notte come anche per tutto il giorno appresso i Nemici non fecero alcun movimento. Frattanto accostarono una bandiera verde fregiata di oro alla posta del Maestro di Campo, donde fu fatta di lancio sparire, essendone stato piombato addosso l'Alfiere che la portava un cerchio tutto infuocato, in guisa che a terrore di quei che zappando là sotto andavano, corse egli tutto dal fuoco inviluppato a tuffarsi in mare. I Turchi si erano per qualche tempo mantenuti in perfetta quiete. Perciò i nostri entravano già in qualche sospetto in riguardo al notato disegno nemico. Il Maresciallo prese la determinazione di riconoscere l'opera che si andava ordendo. All'uopo promise premi a coloro a cui fosse bastato l'animo di arrischiarvisi: due squadre di soldati vi si esibirono pronte; molti di costoro erano addetti alle Compagnie de'Capitani F. D. Bernart de Cabrera, e Lussan. V'erano altri di nazione Spagnuola i quali appartenevano al Capitano Antonio Chiapparo. Questi, perchè l'Alfiere Mugnatones cessava di vivere, venne in luogo suo eletto Capitano dei superstiti soldati del defunto Melchiorre de Robles. Tali uomini adunque solo di spada armati volarono giù pei parapetti della posta del Maestro di Campo e per l'altra della Burmola, ed assalendo coraggiosamente i Nemici, ne ferirono alcuni ed altri ne uccisero; ed ecco il resto, abbandonando la zappa e la pala, messo del tutto in rotta. I soldati così vittoriosi si ritrassero lieti alle Fortezze, pigliandovi seco gli abbottinati ordegni. Costoro riferirono che i Turchi colaggiù andavano innalzando a piè del parapetto del Maestro di Campo un tale quale bastione composto di terra, di sacchi di lana, e di bambagia.

In questo mentre furono adattati, in guisa che la bocca rimaneva volta in giù, certi archibusetti assicurati ciascuno alla cima di una picca, venendo provveduto di una serpentina (1) vibrata col mezzo di una corda. Quest'altra invenzione riusciva a produrre grave danno all' Inimico, e segnatamente a coloro che si

---

(1) Serpentina era quella parte dell'acciarino dell'archibuso al quale si commetteva la miccia accesa. La medesima scoccando ad un tocco del grilletto, piombava sul focone e dava fuoco all'innescatura.

avventuravano ai parapetti onde zapparvi sotto, ed a taluni pure che si erano cacciati dentro certe caverne ottenute per lo zappare sotto i medesimi parapetti. Verificandosi lo efficace uso di tali armi, si giunse financo a segare per due o tre le canne degli archibusi, riducendole atte a quell'uopo. Era veramente dilettevole di osservare come gli Infedeli si ingegnavano a scansare i micidiali effetti di questi archibusetti: ora imberciando nel segno l'asta, ed or a crocchi od altro ad aggrapparli adoperandosi. D'altronde quando sparati fossero con tutta destrezza, tornava difficile al Turco di riuscire nel suo intento; anzi molte volte accadeva che restasse sepolto sotto una fitta pioggia di fuochi artificiali e di sassi ancora. Negli ultimi giorni dell'Assedio furono dai nostri adoperate le frombe: l'esperienza dimostrava che i sassi in siffatta guisa lanciati, recavano maggiore offesa all'Inimico. Questo intanto onde non discontinuare l'opera dello scavamento, si appigliò a ripararsi sotto alcuni tavolati coperti di pelli fresche. Ciò malgrado cotesto loro disegno fu bene opportunamente rovesciato mediante alcune controcave. Si riuscì quindi a snidarneli per via di mortaletti, il che cagionò che molti ne caddero vittime.

Nei giorni 24 e 25 di Agosto occorsero delle burrasche piovose. Gli assediati ne rimasero in estremo rallegrati, sperando che l'Inimico avrebbe fra non guari abbandonato l'impresa. Intanto i nostri soldati furono provveduti di gabbani. Fu ordinato che si distribuissero delle balestre, attesocchè, piovendo, non si sarebbe potuto adoprare l'archibuso. Fu più volte toccato all'armi, dubitando che gli Inimici si movessero all'assalto. Un marinaro Greco rifuggì al campo Turchesco. I Nemici piantarono gli ultimi due pezzi di artiglieria sopra un piccolo bastione eretto da loro alla Burmola, di fronte appunto alla casa di Paolo d'Aula Maltese. Nella Domenica il 26 dell'or cennato mese, quei due testè nominati cannoni furono puntati e tirati contro il Rivellino del Forte di San Michele, il quale andava battuto a sbiescio. Lo Inimico intrattanto appressava alla posta di Don Carlo una macchina di legno modellata a guisa di Torre quadrangolare, aperta di dietro, ed accomodata di scala. La medesima andava spinta col mezzo di ruote; al sommo suo erano degli archibusieri i quali, signoreggiando i parapetti, scaricavano le loro armi addosso ai nostri, pensando di atterrirli e farneli rinculare. Una grossa turba nemica si era accostata alla sopradetta Torre, all'oggetto di ritentare l'entrata, spronata vieppiù a ciò pei grossi premj promessile da Mostafà. Toccato all'armi, il Maresciallo in un ai suoi si pose in ordine di battaglia; ed ecco quegli archibubusieri della Torre rovesciati nella confusione per la veemente pioggia dei fuochi artificiati rovinati loro addosso. Molti di questi si arrestarono infiammanti entro l'angusto tratto della Torre. Un mortaletto venne di botto scaricato contro questa in guisa che fu sprofondata. Quei che felici furono di ottenere lo scampo, si ritrassero scherniti e sbeffati. La Valette rimase grandemente soddisfatto per tale vittoriosa azione; non tralasciò di distribuire premj a coloro che gli avevano meritati. In questo frangente, il Borgo, stante il continuo zappare alla posta di Castiglia, era ridotto ad estremo pericolo.

Già si è cennato che i nostri per sottrarsi alla Mina che si andava formando, furono obbligati di ripiegare sino alla metà della piazza alla posta di Boninsegni. Quivi i Turchi riuscirono ad innoltrarsi siffattamente, che gli assediati si trovarono costretti di mettere su nuovi ripari. I Turchi colà dentro penetrati, si acconciarono in guisa che i difensori della cortina e del terrapieno della posta del Claramunt, venivano signoreggiati e battuti per fianco. Alcuni dei nostri soldati vi soccombettero, mentre il Cavaliere Frate Ernando Centeno ferito gravemente, decorsi due giorni, se ne moriva. Quest'opera ai miseri assediati tanto pericolosa guadagnava disgraziatamente terreno. Un Archibusiere Turco si era adagiato in maniera che andava scoprendo la porta per cui si entrava alla posta di Castiglia. L'avverso destino volle che per l'archibuso di cotesto Turco quivi appiattato, ventitre dei nostri di seguito restassero soccombenti. Alla posta del Capitano Claramunt per proteggersi alla meglio che si fosse potuto, vennero collocate da dodici in dodici palmi l'una dall'altra discoste, alcune botti ben ripiene di terra. In quell'istante le nemiche artiglierie si accinsero a contrabbattere i nostri, talchè ne venne frapposto un ostacolo prima che alcun buon tiro fosse stato ottenuto.

Il Capitano Romegasso, malgradocchè fosse costato la vita al Cavaliere François de la Strade soprannomato Fleurac, e a diversi soldati e bombardieri, rimasti pur tutti spicciolati, fe' condurre un cannone nella piazza di Castiglia; e benchè ne fossero stati scaricati alcuni tiri, non fuvvi modo che si riuscisse nell'intento. Il Commendatore dell'artiglieria Frate Antonio de Thezan soprannomato Pogiol, avendo prescelto un posto eminente, vi fe' aprire una cannoniera precisamente nella muraglia da ritirata aderta a spalla dell'anzidetta piazza presso alla porta presa di mira dall'archibusiere Turco.

Gli Inimici avvedutisene appena, fecero puntare alla direzione di questa cannoniera, quelle artiglierie già piantate sul monte della Calcara. Il cannone del Thezan venne soffogato, mentre che egli perdeva una gamba, al che non sopravvisse che soli tre giorni; ed alcuui bombardieri vi sagrificavano la vita. Certificato il danno che veniva recato ai nostri per quell'archibusiere rannicchiato in cotesto luogo, gli Inimici tolsero a fortificarlo viemmaggiormente. Furono intanto veduti lavorare con molta prestezza, ergendovi un riparo di terra. Sopravvenuta la sera, fu giudicato che si fosse quivi asceso un altro archibusiere, dappoichè il tiro veniva di lancio raddoppiato. E spesseggiando lo scoppio, fu eziandio opinato che fossero sostituiti archibusi caricati, agli altri che di mano a mano venivano sparati. Succedeva che gli assediati ne rimanevano sommamente offesi. Fu stimato necessario serrare la sopradetta porta, ed aprirne un'altra in luogo più sicuro. Fu anche necessario vi si facessero scavare delle vie tortuose e profonde, tanto quanto bastava che un uomo, curvandosi, potesse accostarsi ai parapetti. In alcuni luoghi incontrando la rocca, fu mestieri che vi si adoperasse il piccone. In cotesta operazione diversi ne pagarono il fio, quantunque adottata la precauzione di arrischiarvisi a carponi. Frattanto la posta di Castiglia già reputavasi come inaccessibile, e quindi anche per perduta. In questo stato deplorabile di cose, La Valette intimò che si raunasse il consiglio degli Ingegneri e dei Capitani. Alcuni furono di parere che il Borgo si dovesse abbandonare, e che gli assediati si dovessero ricoverare nel Castello St. Angelo. Tale opinione dispiacque estremamente al Gran Maestro, ed affinchè non se gliene facesse ulteriore parola, manifestò in quello stante un animo tutto contrario, accompagnandolo con una dimostrazione intorno alla vana speranza di potersi tutti omai ridurre comodamente in un castello tanto piccolo ed angusto comparativamente, e privo in modo speciale di acqua, mentrecchè i Turchi occupando una volta il Borgo e la Senglea, in unione a St. Elmo, avrebbero costretto i nostri a darsi spontaneamente nelle loro mani; e conchiuse con significare che l'oggetto per cui intendeva congregare il consiglio, era solo, perchè venisse trattato e risoluto sul miglior modo come potere rimediare alla difesa della posta di Castiglia ed alla preservazione del Borgo. Comandò egli quindi che a questo solo la mente dovesse essere diretta, e l'ingegno applicato. In questo mezzo fu proposto che la persona del Gran Maestro insieme con le carte della Cancelleria e del Tesoro, fossero preservate entro il Castello St. Angelo. La Valette tanto ne rimase obbrobriosamente colpito, che di fatto ingiunse che non si ardisse parlargli oltre di ritirata; e si espresse infine come ben risoluto di volere andare egli stesso alla difesa di quella posta, non che pronto di sagrificarvisi la vita e farvisi sepellire. Tali parole energicamente pronunziate, trassero seco una azione degna del Magnanimo La Valette, e causa positiva della liberazione di Malta. Fe' egli tosto ritirare tutti i Cavalieri e Soldati che presidiavano St. Angelo, ordinando loro che accorressero sullo stante alla difesa della posta di Castiglia. In quel castello non lasciò altri che il Governatore con pochi uomini. Subito dopo fe' rovinare il ponte di legno interposto tra esso castello ed il Borgo, e così tolse qualunque speranza che si fosse avuto l'ardire omai di alimentare in contrario. Questa nobilissima determinazione, valse a provocare nell'animo degli assediati un sol pensiero,— una sola risoluzione.—Tutti oramai si affidavano più vivamente all'ajuto Divino, ed al proprio valore. Ed altro a loro non premeva se non di difendersi da prodi guerrieri come già ne avevano dato le più irrefragabili prove.

Diversi e tanti furono i rimedi proposti; venne

sopratutti prescelto questo solo : Che si minasse e brillasse quella parte ove gli archibusieri si erano a notabile danno dei nostri rannicchiati. Ciò non pertanto fu considerato che tale opera avrebbe consumato molto tempo, quandochè nella seguente mattina si attendeva un altro assalto. Fu quindi stimato necessario che si dovesse arrischiare un drappello di uomini scelti, onde tentare una sortita improvvisa addosso quegli archibusieri. Laonde il Gran Maestro ne elesse per Capo, Fra Stefano Claramunt, facendo allora pure la scelta di ventisette uomini di sperimentato valore. V'erano Forastieri e Maltesi; la maggiore parte di costoro apparteneva alla compagnia della Burmola.

Il Capitano Claramunt seguito da cotesti campioni, armati solo di spada e rotella, oltre due sole armi in asta, e due archibusi ancora, si metteva già sulle tracce di quegli archibusieri Turchi, adoprandosi di riprendere lo spazio perduto, ai nostri tanto pericoloso. Ma prima affatto che vi avesse cimentato i suoi, esortò a tutti perchè volessero adempiere il dovere imposto loro, trattandosi della salvezza della Religione e di Malta. Il Gran Maestro andava sollecitando l'apertura che si voleva chetamente ottenere nel parapetto alla posta del Boninsegni pel divisato oggetto di cotesta sortita. Verso la mezza notte la fu compiuta. In questo mentre una schiera di soldati stava in armi e vigile. De Claramunt volle saltare giù il primo onde servire di guida ai suoi. Però due Maltesi, Agostino Tabone Scrivano della

Cancelleria, e Giacomo Bonnici furono ben desti a furargli le mosse. E costoro benchè di statura piccola; avevano purnondimeno il cuore ben grande. Gli altri quindi si mossero con tanta risoluzione e tanta intrepidezza, che l'Inimico, soprassalito appena, fu obbligato di cedere quello spazio sperimentato già da' nostri grandemente dannoso. Avvenne un tale trambusto, che i Turchi sopraffatti dalle pignate di fuoco, ed omai disperati, volentieri precipitavansi nel fosso. I nostri avrebbero fatto maggiore scempio di loro, non fosse stato che avessero errato la vera profondità dal parapetto in giù: molti trabalzando, si trovarono rovesciati a terra, male assicurando i piedi. Quella notte era sì abbujata, che giovò i nostri non poco: dappoichè due feriti soli rimasero, non essendo stato possibile che in quell'oscurità potessero andare distintamente scoverti, e tratti di mira. Ricuperato quello spazio appellato allora lo Spronetto, non che quello stesso punto stato a'nostri tanto pericoloso, de Claramunt pensò a rifortificarli; ne fe' parola agli Ingegneri, i quali, sortendo accompagnati da un forte distaccamento di Soldati sotto la condotta del Sergente Maggiore F. Don Giovanni de la Rocha Pereiro, impresero a disfare lo Spronetto, cingendolo però di bel nuovo di gagliardi parapetti. In cotesta opera si procedè con molta diligenza ed arte. Con inenarrabile prestezza furono colà distesi travi ben inchiodati e concatenati, garantendoli di terrapieni da sacchi di terra battuta, e di torchioni di arbagio ed altro. Quel posto fu rimesso in buonissimo stato di difesa, essendocchè pure dal primo parapetto soccorrere si poteva. Il Gran Maestro si prestò in persona anche egli per sollecitare cotesto indispensabile lavoro. In questa come in altre occorrenze il Sergente Maggiore Fra Don Giovanni de la Rocha Pereiro si distinse di molto. L'Inimico cercava di disturbare questa opera, ma trovata resistenza, tre o quattro guastatori suoi rimasero uccisi. La Valette ne sentì consolazione, e pertanto distribuì varj guiderdoni ai soldati che si erano avventurati col Claramunt. Questi poi, estolto al sommo, fu onorato per grazia magistrale della Commenda di Enzinacorba. Il ritolto posto del Boninsegni, porse un ottimo mezzo ad utili rimedi. Gli Ingegneri vi piantarono alcuni pezzi di artiglieria, ed aprirono alcune feritoje; cosicchè questa posta trovossi acconciata in ottimo stato di difesa; e pertanto i suoi difensori si rivestirono di maggiore coraggio in guisa che oramai null'altro paventavano. Seguì che il Nemico, correndo il 28 di agosto, scatenasse furiosamente le batterie contro il rifatto parapetto. Frattanto non ardì cimentarsi all'assalto. Cessato il cannonamento, depose ogni speranza di potere continuare la impresa per quella banda. In cotesto giorno un rinnegato Napolitano, se ne rifuggì nella città Notabile, dal quale i nostri seppero che nel Casale Lia fossero parecchi Turchi, in numero di cinquanta, nell'atto di raccogliere delle olive. Da cinquanta cavalli furono spinti a quella volta; soprassaliti quei Turchi, qualche dozzina ne fu spacciata, ed il resto fu obbligato ad una presta fuga. Dei nostri due rimasero feriti, ed uno solo morto. Quest'ultimo avendo pigliato un Turco vivo, ed essendo desioso di condurlo alla città, arrestossi onde commetterlo legato a groppa di cavallo, ed avendo in codesta facenda temporeggiato alquanto, già era in sull'essere sopraffatto dai Nemici i quali se gli avventavano per liberare il loro compagno. Un altro Maltese come il primo, accorso in ajuto di costui, vibrò una zagagliata col mero intento di togliere la vita al solo Turco in groppa; ma tanto terribile sortì quel colpo, che ambo restarono trafitti. Intanto due archibusieri Turchi riparatisi dietro sacchi di terra, ebbero un buon mezzo per rannicchiarsi dentro una nuova cava, prodotta nelle brecce del Cavaliero di S. Michele, donde potevano scovrire e dominare benone le adiacenti poste. I Turchi da cotesta nicchia a mano a mano zappando, s'innoltrarono al Rivellino dove s'appigliarono ad aprirne un'altra, onde similmente vi allogassero altri archibusieri. Tale loro disegno reputavasi dannosissimo ai nostri, dappoichè già ne avevano provato gli effetti alla espugnazione di S. Elmo. Volto il giorno appena a sera, quei due archibusieri spicciolarono alcuni degli assediati. E perchè si riuscisse a farne maggiore strage, l'Inimico ricorse all'opportuno mezzo di scagliare sacchetti di fuoco dentro i parapetti, onde obbligare i nostri di fare all'armi, ed accorrere alla difesa. Talchè gli assediati uscendo allo scoperto, e trovandosi di bersaglio a quegli archibusieri, ne rimasero soccombenti oltre a venti. Il Maresciallo si espose anche egli a cotesto pericolo, essendogli caduto accanto ucciso un paggio. Il Capitano Martelli ricorse all'ottimo spediente di fare stendere alcune tende ai parapetti in guisa che i Nemici non potevano togliere di mira alcun altro. Ei frattanto promise al Maresciallo che nella prossima notte sarebbe sortito a snicchiare quegli archibusieri.

Sopravvenuta la notte, tutto appariva in seno alla più perfetta quiete. Il Capitano Martelli accompagnato da pochi soldati si cimentava chetamente alla disegnata incamiciata. Messosi coraggiosamente avanti, le cave furono trovate abbandonate. Non vennero scorti che tre Turchi i quali, fuggendo, si ritraevano alla posta delle botti. Lo Esercito Turchesco in un lampo levossi, mettendo spaventevole fracasso. Il cannone riprese a risuonare, mentre che in men che non balena un tremendo fuoco sorse in quei tenebrosi d'intorni per le vive e furiose fiamme uscenti dalle archibugiate nemiche. Ciò malgrado solo due soldati ne caddero vittime. Il Capitano Martelli in questo mezzo andava rovinando le nicchie nemiche; e ritiratosi quindi, e fatti trasportare i due defunti soldati, fe'condurre seco quegli ordegni abbandonati dai fuggitivi. Fattone consapevole il Gran Maestro, furono per suo comando distribuiti come pel consueto tanti denari a tutti i soldati che si distinsero nell'or indicata occasione. Il Capitano Martelli fu anche altamente lodato, e condegnamente ricompensato, accordandoglisi la Commenda della città di Castello, e concedendoglisi molti favori meritati per tanti generosi e grandi servigi da lui assiduamente prestati durante quest'assedio. Mercoledì, il 29 di agosto, il Capuccino Fra Roberto d'Evoli, già sotto cura per le ferite che toccate aveva, presentossi davanti al grande e magnanimo La Valette. Quivi molti essendo presenti, gli favellò così:—" Nell'estasi delle mie orazioni ho avuto una certa visione; l'ira di Dio si è placata ; ad intercessione della gloriosa Vergine Maria e dei Santi protettori di questa Religione e dell'Isola di Malta, fra pochi giorni saremo liberi dall'assedio con gloriosa vittoria. " Questo discorso valse non poco a rinfrancare e ridestare vieppiù gli animi.—Il buon Frate poi era dai nostri d'assai venerato, quando pure le sue parole venivano grandemente credute.

CAPITOLO XIV.

ORA *La Capitana* di Gio-Andrea Doria il 27 di agosto giunse felicemente a Linosa, ma non essendovi buon porto, procedè a Lampedosa, e quivi non trovandosi neanco sicura, si dovette ritrarre in alto mare. Nella seguente notte la si fe' al Gozo, e riconosciuti i segnali di Giovan Martinez un' altra volta, navigò a capo Passaro; ed il giorno 29 approdatavisi, seppe pel Conte di Modica che Don Garcia s'era incamminato alla Linosa. Gli avversi venti furono di ostacolo perchè questi potesse guadagnare l'anzidetta Isola; cosicchè egli nel mattino del 28 di agosto si diresse alla volta di Pantalleria. Nel frattempo avvenne che il vento si mutasse ancora, talchè fu costretto di ripiegare alla Sicilia. Sopraggiunto l'indomani un fortunale, l'armata cattolica ebbe a contenderla cogli elementi, esponendosi a gravi pericoli, e soffrendo varj danni. L'armata sopradetta il giorno 30 di agosto si ridusse all'Isoletta Favignana (1). La Galera di St. Aubin fu la prima che vi si approdò. Venne fatto che la medesima arrestasse una Galeotta nemica.

I due Pascià in questo mezzo apprendevano per un'altra Galeotta Turchesca, che l'Armata Cattolica fosse in moto. Fu tenuto consiglio, e mantenuto sul proposito silenzio perfetto. Ricorsero all'astuzia di manifestare un finto novello ordine di Solimano all'oggetto di svernare ancora 'a Malta. Vennero spedite alcune Galere a Navarino e a Modone, onde affrettare i soccorsi.

Il Gran Maestro nudrendo oramai viva speranza che l'Armata Cattolica sarebbe stata fra non molto con lui, ne ragionò pubblicamente, consolando così non poco quei valorosi assediati. Mostafà Pascià dall'altro canto, onde animare i suoi vieppiù all'assalto, fece loro un ben efficace ragionamento, quando promise anche loro che vi si sarebbe mosso avanti in persona. Fu perciò fatta scelta della migliore soldatesca. Nel mattino dello stesso giorno 30 di Agosto, Mostafà si cimentò alle breccie dell'Isola di S. Michele, seguito da sei mila soldati, nella maggiore parte giannizzeri, spahì e levantini. Il suo Padiglione già insin dalla notte antecedente si trovava in coteste vicinanze piantato. Altri tre mila uomini si appostarono alle breccie della posta di Castiglia. In quel mattino piovvè a dirotto. Mostafà non attese ad altro

(1) Una delle Isole Egadi a 3 l. dalla costa occidentale della Sicilia.

che a fare spianare le breccie onde offerire agevole varco all'assalto. Fe' condurre a termine l'opera dello scavamento sotto ai parapetti di Don Carlo Ruffo, e commettere molti canapi legati ai ripari di legno. Fatto appena un cenno, l' Esercito Nemico alzando spaventevoli grida, in meno che si pensa, rovesciò i puntelli sostenenti i parapetti, strappando pur via i sovrapposti ripari, per cui quella posta rimase nel tratto di qualche due canne scoscesa. Oramai non s'interponeva tra i combattenti che un solo tavolone. Un remo da Galera, colassù disteso fu dai barbari aggrappato mediante dei rampi assicurati a catene. Si appigliarono a spiccarnelo a tutta possa. Dato un soprassalto contro quell'apertura ed altre parti ancora, tanto in dentro penetrarono i Turchi, che le loro insegne scorgevansi sventolare alla posta della Burmola. Quivi il Capitano Don Bernardo de Cabrera, e Don Giovanni Mascon uccisero uno degli Alfieri Nemici. In tutti gli altri luoghi si combatteva con valore. Alcuni Maltesi, succeduto appena quel rovinìo di sopra detto, corsero presso il Gran Maestro a dirgli che i Turchi erano passati dentro l'Isola di S. Michele. Ciò detto appena, egli in persona già si moveva frettoloso alla marina. Quivi, per un uomo speditogli espressamente dal Maresciallo, si consolò non poco, sentendo che i nostri si difendevano tuttora gagliardamente. Ciò nonostante la posta di Don Carlo Ruffo s'andava riducendo al più infelice termine. I nostri quivi s'erano anche venuti alle mani combattendo prodemente. Affine di ributtare il furibondo ed ostinato impeto dei barbari, era uopo che la vita di molti fosse sagrificata. Diversi soccombettero, e tanti pure caddero feriti. Ad ogni mezzo andavano ricorrendo i Turchi, onde rovesciare quel debolissimo sovrarimasto riparo. Quest'era l'unica barriera che separava il Nemico dai nostri. Costoro a mantenervela salda, ebbero a soffrire e penare non poco. Fu anche mestiere venire a questa disperata deliberazione: furono contrapposti agli uncini e rampi già dal Nemico lanciati ed assicurati al tavolone, dei libani e funi con cui i nostri, le donne ed i fanciulli compresi, facendo unita e gagliarda forza, riuscirono a superare i Turchi, i quali sbeffati e confusi, furono incontanente dispersi per i fuochi artificiati precipitati loro addosso. Gli assediati a cotesto felice risultato gridarono: *Vittoria!* mentrechè i barbari si ritraevano scornati. Mostafà intanto fe' rinnovare l'assalto. Egli in persona si mosse all'apertura della breccia, e si cimentò siffattamente, che restò ferito nel viso da una sassata, per cui gli cadde a terra il turbante. Ciò malgrado vi rimase di piè fermo, spronando i suoi con un bastone onde sollecitarli all'assalto. Tale fu il loro ardire, che si misero temerariamente a combattere da petto a petto i nostri. Un giovine Maltese del cui nome non si ricorda memoria, armato di squarcina, resistette sul tavolone con gagliardia il furore di un Turco risoluto a farsi strada, e lo squarciò di lungo per un tremendo colpo vibratogli con quella. Molti Turchi furono in questa affrontati e trapassati di picca. Quei di loro che fossero caduti vittime venivano raccolti da terra e ritirati per avere sepoltura. Cotesto fiero combattimento durò per due ore. Ad un cenno lo Inimico facendo largo, le sue artiglierie di Corradino vennero puntate e saettate contro lo stesso debole riparo detto di sopra. Questo però già era in corso di essere maggiormente rassodato. Fortuna volle che questa fiata i tiri non producessero i soliti micidiali effetti. La pioggia ricorrendo, gli Inimici non poterono adroprare le artiglierie. L'assalto venne rinfrescato, mentre che una grossa turba di arcieri spingevasi avanti. Dei nostri molti restarono malconci. Il Gran Maestro valendosi della pioggia, spedì un soccorso di balestrieri sotto la condotta del Commendatore di Marsiglia Fra Baldassare di Ventimiglia. Le balestre facevano buon effetto siccome le archibusate. L'acqua che cadeva allora dirottamente, impediva che si ricorresse ad altro che ad armi bianche ed a missili. Le sassate sopratutto andavano producendo i più stupendi risultati. I nostri si condussero siffattamente da valorosi, che i Turchi confusi ed avviliti si ritrassero dietrocchè per tre ore continue s'erano lusingati indarno a riportare vittoria. La Valette, fatto avvertito del glorioso avvenimento, rese in Chiesa le solite grazie a Dio, e spedì sull'istante vari rinfreschi a tutte le poste della Senglea, non che pure una grossa somma di denari al Maresciallo, perchè fosse distribuita ai segnalatisi guerrieri. I Cavalieri che si distinsero in cotesta fazione, furono sommamente lodati in pubblico dallo stesso Gran Maestro. Questi frattanto prese cura di spingere alla Senglea gli Ingegneri all'oggetto di fare ristaurare i parapetti, i quali furono rappezzati con tale industria, che potevano sopportare alcuni cannoni e mortaletti, fatti stare occulti all'Inimico. L'arte in cotesta contingenza arrivò a tanto, che quelle medesime artiglierie dovevano, quando fosse caduto acconcio, aprirsi da sè la rispettiva cannoniera. Con questo modo, gli assalitori quando meno lo avessero pensato, si sarebbero trovati in mezzo ad un vivo fuoco di artiglieria. Gli assediati perciò ne ebbero ad essere sommamente rinfrancati di animo. In quel giorno il Capitano Giovanni della Cerda soprafatto dai più acerbi dolori, spirava in grembo a Dio. Erano già dieci giorni che giaceva confinato in letto per cagione delle ferite che aveva toccate. Il valoroso Giovanni de Sada, vacata quella carica, fu prescelto a riempirla in vista delle sue ottime qualificazioni delle quali aveva dato le più luminose prove: egli la accettò con grande soddisfazione. Raccattata per così dire una compagnia di vari superstiti alla perdita di S. Elmo, fu la ridotta sotto il comando del Sada, il quale non si stancava dal segnalarsi tanto quanto gli fosse dato.

In questo mezzo Mostafà Pascià determinossi di assediare la Città Notabile, sospettando che per quella via potesse essergli dato talvolta disturbo. Pubblicata appena una siffatta deliberazione, tutti i Turchi si mostrarono di tale impresa avidi, stantecchè egli prometteva di darla a sacco ai Giannizzeri. Nel mattino di Venerdì, l'ultimo giorno d'Agosto, Mostafà avendo lasciato l'incarico pel resto dell'Esercito a Pialì, si avviò alla volta della sopradetta Città a capo di quattro mila Turchi, ed in compagnia degli Ingegneri e di altri, compiendo un tale codazzo il numero di trenta a cavallo. Giunto a tiro di cannone che fu da quella, circondolla tutta d'intorno di soldati, e poscia egli fattosi al Rabato se ne stette fermo sino a che era deposto il calore del giorno. Il Commendatore Mesquita, Capitano d'armi di quella Città, s'appigliò all'astuto spediente di spiegare d'intorno alle mura, molte bandiere, facendo nel medesimo tempo spingere un esteso numero di picche, e comparire a fronte tutti i Cavalieri, Soldati, e Maltesi che quivi dentro trovavansi ritirati. Egli fe' tantosto scatenare tante cannonate, per cui avvenne che i Turchi la credessero più gagliarda di quello che non fosse mai. Fu conchiuso che si deponesse ogni idea di assalirla, così Mostafà, ritirossi a diporto nel Boschetto dove si trattenne a cena per tutta la notte. Il Mesquita desioso di indagare il disegno di quel Pascià, spedigli a coda venti uomini a cavallo. Avvenne che alcuni del Corpo nemico si tenessero spassati in dietro. I nostri soprassalendoli, ne uccisero quattro, e due vivi ne pigliarono. Costoro, venendo interrogati, affermarono che lo intento di Mostafà fosse quello di espugnare la Notabile. Il Mesquita in questo mezzo scrisse a Don Garcia che non temesse a sbarcare il gran soccorso dalla volta di Libeccio malgradocchè la Città fosse cinta d'assedio. Nel medesimo tempo dispose un Maltese per nome Salvatore Dingli ad avventurarsi al Borgo all'oggetto che il Gran Maestro fosse consapevole del partito preso. Riuscì al Dingli di giungere in quella medesima notte al Borgo. La Valette ne rimase dispiaciuto, dappoichè dubitava che dietro quell'avviso, Don Garcia si sarebbe distolto dallo sbarcare il soccorso. Fortuna volle che i dispacci si dovevevano spingere per la via del Gozo, e che da quivi non erano stati ancora incamminati. Lo stesso Maltese rimandato coll' ordine espresso perchè quelli fossero ripigliati, giunse ben in tempo a prevenirne lo invio; furono i medesimi ritirati e quindi revocati. Sopraggiunto il mattino del Sabato del 1mo. di Settembre Mostafà fe' ritorno coi suoi ai padiglioni. Dalla Città fu veduto muovere a quella volta, talchè usciti tutti i cavalli dei nostri, la retroguardia di quello ne fu soprassalita, rimanendone perduti da venticinque, tra morti, feriti e presi. La cavalleria di ciò non contenta, continuò a travagliare l'Inimico sino a mezza via. Mostafà intanto giunse ai padiglioni non poco disgustato. Si riunì in consiglio con Pialì, e con gli altri capi. Egli confermandosi nella sua risoluzione, pubblicò di bel nuovo di volere soggiornare in Malta fino a tanto che gli fosse riuscito di ottenere la espugnazione di tutte le fortificazioni Gli ingegneri Turchi ricercati da Mostafà, si protestarono di non potere fare altro: ogni mezzo avevano esaurito. Ciononostante conchiusero che si ricorresse per ultima prova al valore della forza, e si ritentasse di riguadagnare i punti eminenti per via della pala e della zappa. Si propose in somma che si esaurisse ogni diligenza e sforzo possibile contro la posta dello stendardo, ed il cavaliere di S. Michele. Pialì condiscendendo al suggerimento di Mostafà, fe' piantare il suo padiglione in una piccola valle giacente a spalla della contrascarpa di Alvergna. Da cotesto punto egli poteva liberamente scovrire le azioni dei suoi satelliti alle brecce di Castiglia. I Turchi ora andavano ricorrendo ad ogni possibile spediente onde ricuperare i luoghi da cui erano stati scacciati: e tanto si affaticarono e sforzarono che riuscì loro di diroccare un tratto del parapetto, stato già pria rinnovato dai nostri, di presso allo spronetto della posta dello stendardo. Non fosse stato per la risoluta ed efficace opposizione dei nostri, i Turchi lo avrebbero spianato del tutto. In cotesta fazione due Maltesi, Salvo Zabar, e Masi Mizzi de Bruri (1) si segnalarono egregiamente, essendo loro riuscito di avventarsi addosso agli Inimici, e di spogliare alcuni delle loro pale e zappe. Ambi rimasero lieti di vedersi premiati da La Valette con una grossa somma di scudi d'oro. In questo accadde che un altro Maltese di nome Michele Vella fuggisse dalle mani degli Inimici, essendogli caduto acconcio potersi torre le catene, e riguadagnare la posta dei Siciliani, nuotandovi dal Monte Sceberras. Il Gran Maestro usò verso cotesto uomo molta liberalità: questi era stato

(1) Salvatore Zabar, e Tommaso Mizzi de Bruri.

schiavo nella medesima guerra soggetto di questa operetta. Egli intanto seppe da lui che presso l'Esercito nemico fosse grave carestia, e che l'opinione comune avvertisse che fra breve si sarebbe tolto l'assedio. La Valette scorgendo che l'intento dell'Inimico era quello appunto di avere entrata nello spronetto, ricorse all'ottimo spediente di fare rinnovare una mina perchè lo mandasse in aria; di modocchè già v'erano stati introdotti alcuni barili di polvere. I Turchi zappando incontrarono quella mina e scoprirono quei barili di polvere di cui si impadronirono. Ora temendo che avessero potuto essere contramminati non che soprassaliti ancora, stimarono di procedere nell'impresa dello zappamento con più cautela e maggiore lentezza. Il Gran Maestro, fatto inteso del curioso avvenimento di cotesta mina, ordinò che se ne scavassero altre due. Ne fu affidata la cura al Maestro Bombardiere di nome Giovanni Inglese. Questi, vi si distinse moltissimo; ed il 2 di Settembre egli appiccò fuoco alle stesse, e con tanto destro modo, che vari Turchi ne pagarono il fio. Questa avventurosa circostanza prestò assieme e utilità e sicurezza molta alla posta di Castiglia. Fra la posta della Cortina e quella dello Stendardo, veniva fatto elevare dal Capitan Giovan de Funes da Calataiut un terrapieno all'oggetto di facilitare il transito dei soccorsi a questa ultima posta. L'Inimico avvedutosi del terrapieno, lo caricò furiosamente di artiglieria. Avveniva intanto che questo rimanesse diroccato, e che la palla di un basilisco uccidesse quattro soldati, ed in quella trapassando, sbranasse il Capitano Giovan de Funes. I Turchi in questo mentre riuscivano ad aprirsi strada per la muraglia del Rivellino di S. Michele talchè a mano a mano potevano ormai penetrare sino alla posta del Capitano Martelli, rimanendone cinta fino al ponte delle antenne. Il Capitano Martelli, destro a prevenire, fe' tantosto aprire una feritoja per la quale col mezzo di un archibusone riuscigli di spicciolare tanti, che transitavano per quella strada. Nel medesimo tempo alcuni furono obbligati di precipitarsi nel fosso, sopraffatti da una furiosa pioggia di fuochi artificiati. D'allora innanzi la posta del Martelli rimase libera di molestia.

Durante che tali cose avvenivano in Malta, Giovan Andrea Doria era andato in traccia di Don Garcia, e poscia giunto alla Linosa. Quivi non essendogli dato di farselo incontro, fu costretto di procedere alla Lampedosa, avendo avuto innoltre bisogno di fare l'acquata. Aveva però preso cura di lasciare nella prima Isoletta tre uomini incaricati di lettere, onde, capitatovi Don Garcia fosse fatto avvertito delle circostanze di Malta e del Gozo, ed in modo speciale dei segnali del Martinez. Furono dal Doria scoperti nel porto di Lampedosa due Brigantini Turchi; ed essendo venuto con essi in battaglia, ebbe a perdere diversi uomini, oltre qualche quaranta feriti, quando pure egli stesso rimaneva leso nel viso da una frecciata. Trovossi frattanto obbligato di ripiegare a Linosa, ed avendovi lasciato avviso dell'incontrato sinistro evento, si ritrasse al lido più vicino della Sicilia.

I Guastatori Turchi, in questo mezzo, andavano usando molta solerzia nello zappamento sotto alle poste della Senglea. Il Maresciallo entrava in sospetto che i Nemici si stessero affaticando attorno a qualche altra mina; e là dove udiva più vivamente il picchiare, quivi disponeva subito che si contramminasse. Laonde procurava che fossero aperte varie contramine, e adoperati per le poste gli archibusetti a picca, affine di sturbare lo Inimico per quanto avesse potuto. Oramai le nemiche artiglierie lenteggiavano il fuoco. I parapetti del Maresciallo furono rinnovati, e fortificati gagliardamente di fianchi ciechi, a mortaletti, ed altre armi. Molti fuochi artificiati si andavano apprestando. Gli assediati manifestavano una viva brama di riappiccare azzuffamento coi Turchi. Sorgeva una speranza che costoro, dopo dato un altro assalto, si sarebbero per sempre ritirati da cotanta ferale impresa. D'altronde nel Lunedì il 3 di Settembre, gl'Ingegneri nemici spinsero di lancio un'altra macchina di legno verso quella parte della posta di Don Carlo Ruffo che metteva a quella del Maestro di Campo. La medesima era in forma di una torre, e consimile a quella di cui già si è fatta parola; ma si elevava in qualche tratto di più, in guisa che la cima signoreggiava i parapetti: era provveduta di feritoje; e difesa da cinque o sei archibusieri. Questa macchina era siffattamente congegnata, che scaricate appena le archibusate, s'abbassava e scompariva ratto ratto agli occhi degli assediati. Poscia di botto ricompariva, e si rinserrava con tanta

Capitolo XIV. 237

prestezza, che i poveri difensori, sorpresi da quegli archibusieri, cadevano morti in grande numero. Dall'eminenza del cavaliero di S. Michele, un cannone le tirava contro senza che si fosse riuscito di trarre il voluto effetto, anzi sopravvenne che le artiglierie turchesche puntando alla sua volta, lo scavalcassero colla morte anzi pure di alcuni Bombardieri. E' indarno che si faccia alcun cenno come i nostri si sentissero confusi ed attoniti alla vista di quella macchina infernale. Furono gli Ingegneri spinti avanti, affine di riconoscerla. Fu conchiuso che venisse aperta una cannoniera in diritta linea colla situazione di essa, perchè vi fosse incontanente allogato un cannone serpentino. A quel che appariva, la difficoltà resiedeva principalmente nella esecuzione. A tal'uopo si offerse il Maestro Andrea Cassar, Maltese, al quale Girolamo lo Ingegnere era fratello. Cotesto Andrea, oltre che era Falegname Perito, veniva reputato eziandio bombardiere molto eccellente, ardito e coraggioso. Con certi ordegni suoi operò così bene la cosa, che egli stesso dato fuoco a quel cannone, colse tanto nel segno la infesta torre, che ne fu del tutto sconquassata. Felici ancora riuscivano le cose alla posta di Castiglia nel Borgo. Per una mina all'improvviso scoppiando, i Turchi ne restarono sotto le rovine sepolti, in quella appunto che si erano inoltrati alla posta del Boninsegni, lasciata senza difensori.

Correndo il primo di Settembre, Don Garcia coll'Armata Cattolica faceva dalla Favignana vela alla volta di

Linosa, ove gli venne dato giugnere all' indomani. Quivi incontrò quei tre uomini lasciati dal Doria, i quali gli consegnarono quelle lettere indirizzategli da costui. Varie notizie per le medesime rilevava in riguardo allo stato dell'assedio di questa Isola, avvertendo sopratutto quella bene consolante che l'Oliventia non che Pedro de Paz facevano segnali che i Freghi (1) erano netti; talchè egli risolvè di approdare questa Isola, onde effettuare lo sbarco del gran soccorso. Là esortò in nome di Sua Maestà i Cavalieri all'unione ed alla concordia; e che volessero coll'ajuto di Dio attendere solo al soccorso di Malta; e conchiuse con imporre tali avvertimenti e cautele che stimò necessario si dovessero osservare all'approdo ed allo sbarco delle truppe. Don Garcia inholtre prese cura di vergare poche parole a Giovan Andrea Doria, per cui comunicavagli l'ordine di stare in sua attesa nel Porto di Siracusa, ove sarebbe tornato coll'Armata a ritrovarlo, appena che fosse stato sbarcato il soccorso in Malta. Questa lettera fu commessa al Commendatore Frate Ippolito Malaspina, Luogotenente del Doria, il quale, sostituendo altri tre uomini, ordinava loro che, capitatovi il Doria, gliela consegnassero. Volgeva il terzo giorno di Settembre, e Don Garcia dalla Linosa si moveva a Malta, seguito dall'Armata Cattolica coll'ordine che vado descrivendo. Guidava egli stesso la vanguardia con venti Galere: cioè, otto di Spagna, due del Duca di Savoja,

---

(1) Sono comunemente così appellati i due stretti di mare tra Malta e Comino, e tra questo ed il Gozo.

tre di quello di Firenze, due della Repubblica di Genova, tre della squadra di Don Alvaro de Bazan, e le due di Malta ; la battaglia (1) era composta di altre diciannove Galere, le quali venivano condotte da Don Sanchio di Leiva, e consistevano in sette di Napoli, quattro del Duca di Firenze, due di Don Alvaro de Bazan, *la Serafina* di Spagna, *la Capitana* di Stefano de'Marï, quella di Giorgio Grimaldi, ed altre tre de' Lomellini ; ed infine Don Giovanni di Cardona seguiva a retroguardia con altre diciannove Galere ; vale a dire : otto di Sicilia, altre otto di Giovan Andrea Doria, e tre Galere de' Centurioni. A Don Garcia piacque di ostentare la sua Armata all'altra nemica, e di fatto dopo di avere costeggiato dalla parte meridionale dell'Isola, si mantenne scoperto alle alture del Porto di Marsascirocco ; e vi si trattenne tanto a lungo che infra poche ore, scorgeva spiccare dal lido alquante Galere nemiche, e farsi alla sua volta. E quindi allargandosene, navigò nella direzione di Capo Passaro. Cotesta tardanza, e cotanta irresolutezza da parte di Don Garcia, apparve cosa stranissima : produsse financo de' disgusti a tutti quei che seco lui trovavansi, quando pure egli perdeva la bella opportunità di una prospera notte a sbarcare comodamente l'Esercito. Tante versioni sorgevano in riguardo ad una siffatta stravaganza. Chi diceva che egli pochissima volontà avesse a prestare quel soccorso ; e chi pure lo attribuiva

---

(1) Vale a dire il corpo di battaglia, ossia quello che in un combattimento costituisce coll'avanguardia, e la retroguardia, tutta l'Armata Navale.

al timore ed alla titubanza. La gente dell'Armata Cattolica omai andava mormorando, e dicendo, che se mai fosse dato a Malta di liberarsi, sarebbe stata questa debitrice ad un evidente miracolo, ed al valore degli assediati, e non già mai al soccorso di Don Garcia. La comparsa dell'Armata Cattolica sull'Isola di Malta, non giovò poco agli assediati. Mostafà Pascià si determinava di dare l'ultimo assalto generale. Pialì Pascià non ommise di riconoscere quell'Armata: Il primo di costoro poi uscì a riconoscere le campagne di Marsascirocco, non che le adiacenze. Dall'altro canto il Re di Algeri con sessanta Galere navigò alla Cala di S. Paolo onde stare sulle vedette alle mosse che la Flotta Cristiana avesse potuto fare, quando che Pialì si teneva in assetto e pronto alla partenza per affrontarla.

Ora i Turchi ricomparvero sotto la posta di Castiglia con una macchina di legno. Fra Don Francesco di Guevara, e Fra Francesco Giordano, fecero una sortita a capo di alcuni Maltesi, la quale tornò sì felice, che la macchina fu ridotta in cenere. Il Gran Maestro non tralasciò di usare verso tanti uomini valenti della solita sua generosità. Il disegno dell'Armata Cattolica fu oramai da Mostafà risaputo. Egli, rileggendo le Istruzioni di Solimano, si adoperava in Consiglio a persuadere i Turchi perchè non abbandonassero l'Impresa contro questa Isola. Il Gran Signore, uomo terribile, esigeva che ad ogni costo il suo volere fosse ubbidito: anzi comandava impreteribilmente che l'Armata

Turchesca non partisse da Malta se non che dopo di averla espugnata. Un Sangiacco di molta autorità presente in consiglio, prese la parola, e dipingendo il Sultano quale ragionevole e prudente, sosteneva la opinione di Pialì, il quale altro scopo non aveva che di ricondurre intatta l'Armata a Costantinopoli. Si verificò che le loro vettovaglie se non per altri venticinque giorni, sarebbero state esaurite. In cotesto consiglio fu sottomessa la circostanza della sopravveniente aspra stagione; come eziandio quest'altra, che le munizioni di guerra erano già quasi consumate del tutto. Il Castello St. Angelo, ognora sano, persuadeva vieppiù l'Inimico della difficoltà di trarre oramai un fausto risultato. Sotto tali scoraggianti aspetti, e sotto altri ancora, il consiglio fu indotto, anzi convinto, di appigliarsi alla seguente semplice risoluzione: vale a dire, che si desse per l'ultima volta un assalto, impiegando ogni estremo impeto e sforzo, e che poscia si partisse da Malta. Venne anche allora risoluto che si desse mano all'imbarco di diversi grossi pezzi di artiglieria: e di fatto dal Castello St. Angelo fu veduto il più grande cannone essere dal Salvatore trasportato in verso la Renella, e quindi imbarcato. E ciò seguì dopo che il medesimo era stato scaricato contro le case del Borgo, quando la palla coglieva un punto d'assai vicino all'abitazione del Gran Maestro. D'altronde non era ancora spenta nel cuore di Mostafà la speranza che si sarebbe potuto riuscire nell'ardua impresa. Egli vedendo che i suoi si davano prescia nello imbarcare le proprie bagaglie, si determinò, senza ad altro pensare, di raccorre in sua presenza un grosso numero di Giannizzeri, e di Spahì. Gli esortò un'altra fiata all'assalto, rappresentando loro il disonore ed il castigo che avrebbero giustamente meritato dal Gran Turco. Molti di costoro si espressero in guisa che non sarebbero mai andati contro il volere di Dio, il quale non permetteva che Malta soccombesse; e molti altri si protestarono di combattere a morte, dato che i loro Capi li volessero guidare e precedere all'assalto. Il Re di Algieri all'uopo si esibì sull'istante, promettendo di piantare lo stendardo sulle mura. All'esempio di costui diversi Capitani si offrirono (1). Mostafà accettò volentieri le generose profferte sopradette; e manifestò un desiderio di accompagnarli e guidarli all'assalto, se pure la vecchiaja lo avesse ajutato. Ei frattanto diè bando che si disponessero all'ultimo assalto, ordinando ed istruendo egli stesso le schiere. Ed accompagnato dagli Ingegneri, non tralasciò di visitare le breccie, e di fare spianare ed agevolare le salite alla meglio che fosse fattibile. In questo stato di cose gli assediati riudirono un zappare d'intorno più sentito e sollecito che mai. Pei movimenti seguiti, giudicarono imminente l'assalto. Il Gran Maestro si accinse a soddisfare alle esigenze. I nostri trovaronsi ben riparati e rinforzati. Vano sarebbe il descrivere l'animo grande, l'ardore, e l'impazienza onde erano compresi. Allora ansiosi, attendevano di venire un'altra volta alle mani coll' Inimico. Oramai non si faceva capitale del promesso e prolungato soccorso.

(1) Era contro l'uso della Turchesca Milisia che gli Ufficiali precedessero negli assalti i Soldati; anzi solevano andare loro dietro, spingendoli avanti con un bastone o con una scimitarra.

CAPITOLO XV.

Giovanni Andrea Doria, essendo passato alla Linosa, fe' imbarcare quegli uomini colle lettere di Don Garcia, il quale gli ingiungeva di attenderlo a Siracusa. Fe' pertanto rotta alla volta di Sicilia; e giunto alle alture di Pozzallo, scoperse l'Armata Cattolica. Suppose che avesse già fatto sbarcare il soccorso a Malta. Ma avendo poscia inteso il contrario, se ne maravigliò non poco. Diè al Vice Re ragguaglio della continuazione de' segnali di sicurezza in Malta e nel Gozo, e dello stato avventuroso della difesa. Gli dimostrò la comodità e l'agio di potere effettuare lo sbarco alla Melleha. Gli fe' sentire che ogni minima tardanza avrebbe potuto essere causa di grave scapitamento; e conchiuse con esibirsi pronto di venire a soccorrere questa Isola colle sue dodici Galere, e colle altre due della Religione. Don Garcia sperava che in compagnia di Giovan Andrea Doria avrebbe potuto effettuare la impresa del gran soccorso; e tanto dissegli in risposta. Manifestò altresì risoluzione di partire per Malta, subitocchè le Galere avessero compito l'acquata.

Nel mattino di Giovedì, il 6 di Settembre, l'Armata Cattolica oramai composta di Cinquantanove Galere, si moveva a costeggiare sino al Capo di Sciacca; e facendo vela innanzi, traversava il Canale a prora di Malta, la quale venne fatto che fosse stata scoverta attorno il mezzodì. Rilevossi che i segnali erano di sicurezza. Si riconobbe che il Borgo e S. Michele si difendevano tuttora, e si chiarì eziandio che la costa era ben netta. Alla mezza notte l'Armata Cattolica si appressò alla bocca del Frego. E benchè Don Garcia fosse stato importunato ad ottenere incontanente lo sbarco, attese purtuttavia che si facesse giorno, non avendo voluto cimentare alcuno ai pericoli della notte.

Appariva l'alba del 7 Settembre, quando Don Garcia si accostava alle spiagge della Melleha. Quivi fe' sbarcare dalle Galere della Religione, due pratici Maltesi coll'ordine di innoltrarsi alla Città Notabile, e consegnare alcune lettere al Commendatore Mesquita, onde questi spedisse in quelle coste gli occorrenti animali da soma, e comunicasse agli assediati i segnali dell'arrivo del gran soccorso. Don Garcia frattanto fece con ogni cura e precauzione sbarcare in cotesti d'intorni lo Esercito Cristiano insieme con munizioni da guerra e da bocca.

Tale soccorso si vuole che arrivasse a Dieci mila Fanti, ma meno di Otto mila non mai. Tratto tratto che procedevasi nello sbarcamento, le Galere votate si ritraevano dietro l'Isola del Gozo. Anche il Vice Re volle smontare a terra, onde potere godere la stupenda vista dell'Esercito che già era in sulla via alla Città Notabile, lasciandosi dietro a bordo della *Reale* Giovan Andrea Doria con istruzioni come doversi condurre nel caso che i Legni Nemici fossero stati scoperti. Il tragitto fu aspro e malagevole. I soldati erano siffattamente carichi che andavano gettando via il pane. Non era facile cosa il ricondurli all'ubbidienza, facendoli fin' anco raccorre le abbandonate vettovaglie, una volta che in esse risiedeva la somma dell'esistenza. Si erano i Cavalieri e gli Avventurieri poi acconciati in modo che trasportavano le loro porzioni a due per volta.

Don Garcia avendo percorso un tratto di un mezzo miglio, ordinò che si facesse alto: esortò di bel nuovo i Capitani alla concordia; raccomandò loro la santa e gloriosa Impresa, e diede loro parola che fra breve sarebbe tornato a sbarcare altri Sei mila Guerrieri. E da quei Signori non si licenziò, se non dopo di avere abbracciato a tutti; ed allora rimbarcossi sulla *Reale*, accompagnato dai due figli del Marchese di Pescara.

Rivolgiamo ora la mente ai fatti che si andavano in questo mezzo succedendo tra gl'impavidi assediati di Malta. I Turchi si affrettavano a condurre a termine gli apparecchi intesi per un altro generale assalto.

Eglino lungi dall'attendere ulteriori soccorsi, ed ignorando l'effettuato sbarco dell'Armata Cattolica, stavano di animo franco ed intrepido intenti all'imminente cieco disegno, persuasi che sarebbe stato l'ultimo, e soddisfatti che si sarebbero ormai a liberare da tanto ardua impresa.

Trapelava che il furore turchesco sfogare si volesse contro l'Isola di S. Michele. Oltre a Cinque mila Turchi avevano penetrato il Fosso. La Valette ciò risaputo appena, spinse al Maresciallo un soccorso con fuochi artificiati. Questi, avendo fatto toccare all'armi, furava le mosse e sfidava lo Inimico a battaglia. Gli assediati di animo sicuro, provocarono i Turchi all'assalto. Il popolo tirando sassate gridava: *Armi! Armi! (butta! butta!)*. Ciò malgrado alcuna dimostrazione ostile manifestossi dal canto dei Turchi. Purnondimeno un insolito mormorio procedè da costoro. I nostri diverse conghietture avventurarono: ciascheduno la diceva a seconda del suo talento: non si potè penetrare la vera cagione di cotesta strana attitudine. Non aveva fatto ancora che un'ora di giorno, quando i Turchi furono di botto veduti sbucare di sotto le breccie. Del che i nostri ebbero a soprastare maravigliati. Cotale inaspettato ritiro, non fu da altro causato che dalla giunta nuova dell'arrivo del gran soccorso, avuta per una Galeotta la quale aveva scoperto una divisione dell'Esercito Cristiano marciare, e l'Armata spiccare dal Gozo ed allargarsi in mare. Di cotesta Galeotta i nostri si accorsero: ed essa di fatto tirò una cannonata contro la Fortezza di St. Elmo, la quale gliela corrispose con un'altra. Questa circostanza faceva trarre argomento che la Galeotta volesse avvertire che l'Armata Cattolica fosse a vista. Furono veduti in questo frattempo correre di cavallo a scimitarra nuda, quattro Turchi da Corradino a Santa Margherita. Il campo Turchesco fu suscitato a confusione e guazzabuglio. Il risultato avvertiva che lo Inimico sollecitasse lo imbarco delle truppe. Le trincee rimasero ciò nonostante guernite di Archibusieri, i quali facevano un fuoco vivo contro gli assediati, col disegno di occupare la loro attenzione, e prevenire qualche agguato che potesse talora succedere a concorso dell'Esercito Cristiano. Dal castello St. Angelo non furono scoperti i segnali fatti sulla Città Notabile, concernenti lo sbarco del gran soccorso. E tanto è vero, che La Valette disperava tuttora di averselo vicino. Questo stato di perplessità di animo, non durogli che fino alle dieci e mezzo del mattino, quando Don Garcia di Toledo facendo sembiante di navigare a questa volta dalla Sicilia, fe' sparare tre cannonate le quali furono a mano a mano corrisposte in eguale numero da tutte le altre Galere componenti la sua Armata. A questa salva giuliva, la Città Notabile risonò immediatamente. Fu allora che La Valette si persuase di aversi accanto il lungo desiderato soccorso, e come egli si trovava nella piazza del Borgo in sullo spingere gente fresca all'Isola di S. Michele, s'indirizzò ai circostanti con tali termini:— *Ringraziato sia Iddio, questo è il vero segnale che abbiamo il soccorso.* — E finendo di così favellare, volò alla Chiesa di San Lorenzo, e ne rendette grazie al Signore Misericordioso. In questo mezzo fe' suonare le campane a distesa per solennizzare il vespro della Madonna. E se gli fosse soprarimasta maggiore quantità di polvere, avrebbe anche fatto festeggiare il cannone; ma le trombe ed i tamburi ne dovettero supplire in unione alle bandiere vagamente sventolate per tutte le mura d'intorno. A tali incomprensibili dimostrazioni di gioja e di pubblico universale giubilo, si scorse in un lampo tutto il popolo confondersi per le strade senza distinzione di ordine, di grado, di età, o di sesso. Chi di espansione d'animo aveva il cuore compreso; — chi di gioja lacrimava; — altri le mani al Cielo protese, ne rendeva grazie a Dio; — chi per la strada trascorrendo, gridava: *Soccorso! Vittoria!* ed altri di letizia convulso, il vedevate avvinghiato al collo di chiunque facevagli incontro.

Fu imposto sotto pena di morte che nissuno dovesse abbandonare il proprio posto per checchesia motivo. Le Galere furono messe in assetto, perchè, abbisognando, potessero uscire in ajuto dell'Armata Cattolica. Ciò intrattanto non fu necessario, dappoichè Don Garcia navigò liberamente in direzione di Capo Passaro; e benchè si fosse egli perduto di vista, il Re di Algieri con Ottanta Legni da remo uscì a dargli caccia da Marsamuscetto; ma dopo di avere percorso qualche tratto, fugli fatto un segnale perchè si ritraesse, e così volse prora a questa di bel nuovo.

Entrambi i Pascià conchiusero che si dovesse fare smontare ed imbarcare l'artiglieria; e prima che la fosse stata rimossa affatto, fu scaricata contro le case del Borgo.

La Grande Nave appellata *La Sultana* ossia il Gran Galeone turchesco, quello identico che era stato tolto l'anno antecedente con tanta fatica, fu dai Turchi da sopra la ultima batteria della Burmola battuto ad artiglieria. Ne fu talmente malmenato, che si giudicò acconcio sostentarlo di ormeggi, contribuendo in siffatta guisa che non affondasse. In questo mentre accadeva la morte del Cavaliere Fra Vespasiano Malaspina de' Marchesi di Mulazzo, uomo di vita santa, il quale, compreso d'allegrezza, e piantando una palma sopra un parapetto, venne percosso nella fronte da una archibusata che gli strappò dopo un lieve tratto la vita. Questi fu l'ultimo Cavaliere che colla sua infelice morte chiudeva la lista mortuale di tanti altri sempremai degni di eterna gloria.

Gli Inimici con ogni fretta possibile per barconi e barche andavano trasportando le proprie robe a bordo.

I due Maltesi onde poc'anzi si è fatto cenno, giunsero alla Notabile un'ora e mezzo colà intorno, dopo che si fu spuntato il sole. Il Commendatore Mesquita facendo agli assediati gli opportuni segnali pel sopraggiunto soccorso, spingeva il Sottocavallerizzo Boisberton insiememente col Capitano Anastagi e parecchi cavalli incontro a quello, quando pure spediva allora altri animali da soma guidati da un bel numero di giovani robusti Maltesi.

Il Boisberton e l'Anastagi s'imbatterono felicemente nel gran soccorso, il quale, pel caldo allora prevalente, pel peso indossato, e pell'aspro e malagevole cammino, appariva stanco ed affannato. Benigna fortuna volle che il primo alloggiamento venisse fermato sul colle comunemente appellato *Santa Maria tal Puales*. In cotesta sera, e nella susseguente notte, il soccorso non ebbe altro ristoro che di biscotto e di acqua, oltrechè fugli necessario adagiarsi allo scoperto e sulla nuda terra.

In quella medesima sera, i Turchi appiccarono fuoco ai propri alloggiamenti campali che rimasero in preda alle fiamme per tutta la notte durante; fecero lo abbandono dei trinceramenti circonvicini al Borgo, e piegarono il passo ad altri punti più elevati e remoti. Dalla Città Notabile furono reiterati i segnali pell'arrivo del gran soccorso; e questa volta ebbero ad essere ben bene riconosciuti, avendovi il Castello S. Angelo sullo stante corrisposto dovutamente. Al che la sopradetta Città proruppe con una salva di artiglieria, e con estesa gazzarra, accompagnata da brillante illuminazione.

Il Gran Maestro aveva proibito per bando che nissuno si dovesse muovere dalla propria posta. Ciò pure non di meno, furonvi taluni Soldati e Maltesi, che affascinati dal desiderio di vendetta, si avventurarono fuori per la posta di Aragona, e poco stante furono veduti ricomparire carichi di un barile di polvere da sparo, e di tanti picconi e zappe. Il Gran Maestro, pel loro ritorno, seppe che l'Inimico non poteva condurre via un cannone da sul bastione della Burmola, causante che gli era rotta una ruota; al che ei procurò che di nascosto venissegli recisa anche l'altra. Di fatto questo cannone fu trovato più tardi abbandonato, cosicchè, rimontato che fu, si trovò servire ottimamente quale uno dei migliori che avessero i nostri mai avuto.

Il memorabile giorno di Sabato, 8 di settembre appariva nel suo splendore. Correva con esso lui la Natività della Gloriosa Vergine Maria, festa di universale gaudio e giubilo tra questa popolazione Maltese. Il Gran Maestro ansioso di trovarsi in seno al gran soccorso, affacciare non vedendolo, prese partito di spignere alla Notabile due Maltesi, perchè gli dessero conto di cotesto ritardo. Arrivati che si furono presso al Commendatore Mesquita, questi li fece incamminare a Don Alvaro de Sande, il quale, saputo l'oggetto, spedì con esso loro presso La Valette, un suo Alfiere, accompagnato eziandio da uno de' Giurati. Giunti nel Borgo, l'Alfiere espose la sua ambasciata al Gran Maestro, il quale non diegli commiato, prima che non gli avesse donato una collana di oro. La Valette rinveniva che tra Ascanio della Corgna ed Alvaro de Sande fosse insorta qualche disparità circa la precedenza al comando dell'Esercito. Ed avendo intanto egli veduto la Patente di Don Garcia, conchiuse che si dovessero eglino attenere assolutamente ai termini della stessa, per la quale Don Alvaro avrebbe avuto il carico di Capo dell'Esercito, ed Ascanio quello di Maestro di Campo, quando che La Valette sarebbe stato il Capitano Generale, poichè il Re comandava che per tale fosse ubbidito.

Nel mattino del Lunedì 10 di Settembre, il gran soccorso si trovava già felicemente ridotto e ristorato nella Città Notabile; mentre che l'Armata Turchesca dava a divedere che sarebbe tantosto uscita dal porto di Marsamuscetto, e che avrebbe preso la volta alla baja di S. Paolo. Don Alvaro de Sande si era lasciato dietro, sotto la guardia di alcuni Soldati, poche munizioni da guerra e da bocca; ma sul sospetto che in quelle adiacenze si fossero sbarcati alcuni Turchi, non tralasciò di fare raccorre ed assicurare le medesime dentro la Città.

Avvenivano coteste cose, ed un Moro volgendosi alla fuga dall'Esercito Cristiano, ottenne ricovero presso Mostafà, al quale, travolgendo la verità dei fatti, rappresentava agevole il modo come soprassalire quello si dovrebbe.

Raunato consiglio, si devenne alla seguente deliberazione la quale fu messa in effetto nella notte antecedente il Martedì, 11 di Settembre: che Mostafà Pascià a capo di Sedici mila de' suoi s'inoltrasse di furtivo alla volta della Notabile per lo espresso oggetto di sorprendere l'Esercito Cristiano.—Pretendeva egli che facendogli qualche ostentazione lo avrebbe tratto nell'insidia de' suoi, nascosti nelle vicinanze di Casal Musta. Infraditanto era stato ordinato a Pialì che con tutta l'Armata procedesse a fare l'acquata nella baja di S. Paolo. Il Gran Maestro per un rinnegato

Genovese fuggito al Borgo mediante una barchetta, fu fatto consapevole del premeditato disegno nemico, quando senza perdere un attimo di tempo spinse il Sottocavallerizzo Boisberton alla Notabile .onde preavvertire i Capi dell'Esercito di soccorso. Allo spuntare del sole, correndo Mercoledì il 12 di Settembre, l'Armata Turchesca tutta quanta era, salpava, e da Marsamuscetto pigliava la volta della baja di S. Paolo. Il Gran Maestro in questo mezzo, faceva rialberare lo stendardo a croce bianca in campo rosso sulla lagrimevole sperperata fortezza di S. Elmo, dove il Capitano Malabalia a capo di una compagnia si rimase a presidiarla. Ora l'Esercito Turchesco scorgevasi tuttavia in marcia, quandocchè andava esso mettendo a fuoco tutto ciò a cui poteva porre mano. Dalla Città Notabile poi fu lo veduto giungere al Casale Attard, rimasto preda alle fiamme; ed a mano a mano farsi alla volta di Casal Musta, e più tardi oltrepassare questo ancora, spiegando in quella una insegna molto grande, non che una infinità di vaghe banderuole.

 Don Alvaro de Sande Capo dell'Esercito Cristiano ordinava col parere di Chiappin Vitelli che si facesse all'armi; e disposte le genti in ischiera, ne distinse tre battaglioni: l'uno composto di tutti i Cavalieri ed Avventurieri; l'altro di Spagnuoli; ed il terzo di Italiani. Impazienti, ardevano tutti dalla brama di venire alle mani cogli Infedeli. Nacque qualche nobile contesa in riguardo al volersi taluni cacciare avanti, mentrecchè avevano il posto assegnato in dietro. Ed avvenne altresì che molti archibusieri calassero alla sfilata nel piano, e tirassero alla volata molte archibusate. Don Alvaro montato a cavallo, fu obbligato di muovere loro dietro e rattenerli sul poggio stesso ove per lo consueto collocasi la Meta de' Palî che si corrono alla Solennità di S. Paolo. Egli, quantunque di sentimento opposto fosse ai suggerimenti di Ascanio della Corgna, ma ognora concorde con Chiappin Vitelli, ordinava ad alcuni drappelli di mettersi avanti alla volta della Torre di Falca e contrastare il passo all' Inimico. Frattanto egli contemplava che il grosso dell' Esercito dividendosi, vi s'incamminasse per due sentieri distinti, commettendo in somma a Chiappin Vitelli l'incarico per l'occupazione della torre sopradetta. Questi abbenchè nissun ufficio in cotesta spedizione avesse, era purtuttavia stimato tale quale Don Alvaro il fu sempre. La gente di costui appiccò scaramuccia con quei Turchi che già si facevano avanti. Don Alvaro avvedendosi che i suoi archibusieri abbisognavano di soccorso, sollecitava la marcia dei tre squadroni. Venne fatto un colpo di strategia ben a tempo. I Turchi oramai occupando la menzionata Torre, si trovarono impegnati anche cogli Archibusieri del Capitano Salinas. Tanto fu l'ardire, e tanta pure la destrezza di questi ultimi, che i Turchi, comechè di situazione avvantaggiosa fossero, e protetti dietro le muraglie si trovassero, ebbero ad essere mirabilmente stretti ed incalzati in guisa che pigliando presta fuga, si scoprirono in orribile bersaglio all' ajuto che in quello stante capitava. Mercè questa pronta ed efficace assistenza, il grosso de' Barbari fu precipitato in rotta, quandocchè si trovò astretto di piegare sulla spaziosa campagna appellata *Tal Miliet*. Quindi fu riappiccata la zuffa. Tornò essa infausta ai Musulmani. Furono completamente disfatti. In codesto giorno, il Capitano Salinas si riportò grande onore e somma fama. Il campo appariva seminato di cadaveri. Vlucciali, il quale a capo di Due mila soldati si muoveva in soccorso diè in dietro sull'istante; e mancò pochissimo che non si fosse incappato nel pericolo di rimanere schiavo. Mostafà, conducendo il grosso dell' Esercito, aveva macchinato una insidia. Ideava di trarre i nostri nel campo *Tal Miliet* onde potesse dall' alto dare loro addosso ; ma al rovescio ebbe a sortire tale pazzo divisamento; dappoichè i Turchi, soprassaliti ed ammortati, furono astretti di rompere l'ordinanza, e fare guazzabuglio, taluni abbandonando l' arme, e tal' altri fidandosi alle proprie gambe, e tutti cercando scampo alla cala di S. Paolo. In quel mentre, Mustafà fuggiva a cavallo dopo che gli si era questo caduto sotto già due volte. Ed egli sarebbe stato preso se non gli fosse stato dato di essere dai suoi sottratto per acconcio al pericolo. Finalmente egli tutto schernito e di orrore pieno, ebbe la buona sorte di rimbarcarsi incolume.

Codesto fausto avvenimento pei nostri tanto stupendo, fu da Ascanio attentamente rimarcato; e riveduto che egli ebbe Don Alvaro, non potè dissentire più oltre in parere con esso lui. I nostri in questo mezzo continuavano ad inseguire l'Inimico con instancabile ardore. Don Alvaro metteva vieppiù coraggio tra i suoi, gridando: *Ammazza! Ammazza!* — E conforme al suo decreto a nissuno fu serbata la vita, ma tutti cadevano vittime del più giusto furore. Egli stesso uccidendo un Turco riccamente abbigliato, fugli in quello stante scaraventata una saetta per mano di un rinnegato Spagnuolo, la quale colse e ferì il suo cavallo.

Ascanio della Corgna, Pompeo, e Prospero Colonna atterrarono alcuni col proprio brando. Il primo di costoro rimase ferito per una sassata. Quivi s'erano messi avanti vari distinti Personaggi, fra i quali, Giuliano Romeo Maestro di Campo di Sicilia, successore dello insigne guerriero Melchior de Robles. Gli Avventurieri si segnalarono notabilmente. Il Commendatore Fra Tommaso Coronel, essendosi cimentato troppo avanti, fugli il cavallo ucciso. In un baleno fu egli dai Barbari circondato, ma tanto destro e valoroso fu nel maneggiarsi, che ne uccise uno, e ferì diversi con lode di tutto l'Esercito Cristiano spettatore di siffatta bravura. Se il numero dei cavalli fosse stato superiore a quello che fu impegnato dai nostri in cotesta fazione, i Turchi avrebbero sofferto più estesa mortalità, e maggiore strage sarebbe pure occorsa, se l'eccessivo calore, il peso delle armi, e l'asprezza del cammino, non si fossero frapposti per ostacolo. Quei della retroguardia ai quali non fu dato giugnere sul luogo a tempo, mormorarono non poco nel non avere potuto trarre sperimento delle loro picche e spade. E trasportati dalla viva brama di venire alle prese, si tolsero via i corsaletti, e si avventarono in meno che io dico a caricare furiosamente il Nemico; e percorrendo quelle allora aridissime campagne, soffrivano dal caldo. Fuvvi chi agonizzante, esclamasse: *Ammazza!* (1) Ed avvenne ancora che alcuni tra i Turchi crepassero per l'affannosa caldura del prevalente Scirocco. I nostri intrattanto rinfrescati pelle bevande temperate che seco in borraccia pigliavansi allato, seguivano la Vittoria ridentemente. Perseguitarono i Barbari fino a sotto le prore dell'Armata, la quale si fe' tantosto a cannoneggiare, sollecitando di raffrenare la foga nei nostri, e porgere ajuto ai suoi coll'agevolare loro l'imbarco. Gli schifi e le barche traboccavano di gente compressa dalla fretta e dal timore. Molti di loro si annegarono. Non vi fu modo che si facesse rinculare i nostri. Costoro, spronati da un animo di vendetta, per le crudeltà ed empietà già pria esercitate, si scagliarono loro addosso, e li ridussero al più stretto e arrischiato termine. I soldati Spagnuoli affidandosi al mare, soprassalirono a spada nuda molti degli atterriti Barbari, i quali o uccisi o affogati doverono finire. E la gioventù Maltese anche essa segnalossi egregiamente: avvezza ai calori, animosa ed ardita, di qua e di là correndo, andava seminando un campo di morti. In cotesto fatto oltre a Tre mila Turchi soccombettero. Dei nostri pochi furono le vittime.

(1) Vedi Cenni.

Il Re di Algieri a capo di Mille e cinquecento uomini, si era acquattato insidiosamente dietro ad un punto per cui rimaneva coperto. Alcuni de'nostri che si erano di troppo arrischiati, ne vennero soprassaliti di fianco, ma soccorsi a tempo, fortuna volle che alcuni ne fossero sottratti, già in pericolo di cadere schiavi; ed erano il Capitano Marcos de Toledo, un Cavaliere Inglese parente della Duchessa di Ferin, e Pietro d'Ayala de Ribataja.

I Turchi straziati e male conci, piegarono oramai a rimbarcarsi. I nostri gli andavano adocchiando, e non se ne mossero che dopo di averli veduti tutti quanti imbarcati, prendere l'abbrivo, e spiccarsi dalla spiaggia. L'Esercito Cristiano ricompostosi in ordinanza, la sera difilava vittorioso alla volta della Città Notabile, ove si ridusse tutto lieto e trionfante.

Ora ansioso quanto mai fu La Valette nell'attendere il risultato di codesta giornata: aveva egli ricorso a varie misure affine di spiare le mosse del Nemico. Fra altre cose tolse lo spediente di mandare a coda di quello due Maltesi, Andrea Zahra fratello del Vescovo di Vico, e Giacomo Pace. Per mezzo di costoro ebbe la ben consolante notizia che i Turchi si fossero appigliando a presta fuga. Questa circostanza fugli più tardi confermata per un altro uomo spintogli a cavallo da Don Alvaro de Sande.

La Valette persuaso che il Papa avrebbe con ansietà atteso l'esito dell'impresa, gli scrisse una lettera, dandogli piena contezza del gioioso e felice avvenimento; e non omise di fare lo stesso verso i Principi della Cristianità, e sopratutto al Re Filippo cui rendè grazie più sentite.

Don Alvaro de Sande ed Ascanio della Corgna assieme coi principali Signori del soccorso, discesero al Borgo per visitare il Gran Maestro. Furono da lui accolti meglio che la penna possa mai descrivere. Con inenarrabile amorevolezza abbracciolli l'uno appresso l'altro; li tenne seco tutti a tavola, e gli accomodò di alloggio, e di altri conforti oltre ogni loro aspettativa. Di fatto tutti quei Signori ebbero a trovarsi in qualche guisa meravigliati come, dopo quattro mesi di stretto assedio, uno scoglio sterile, devastato e messo a soqquadro, avesse potuto mai offerire i comodi che si andavano apprestando.

Giovan Martinez di Oliventia e Pedro de Paz furono dal Gran Maestro altamente complimentati per le zelanti cure usate nei segnali: ebbe ciascuno anche da lui una collana d'oro, quando pure i Tamburini riceverono di bei regali ancora.

L'indomani che fu Venerdì lo squadrone dei Cavalieri recossi al Borgo per tributare eziandio le dovute riverenze al Gran Maestro, il quale alla loro comparsa, si sollecitò di accoglierli facendosi fino alla Piazza. Questa era la più bella, la più vaga mostra: i Cavalieri sulle forbite e lucenti armi indossavano la sontuosa sopraveste, mentre che gli Avventurieri erano dall'altro canto addobbati superbamente.

La Valette contracambiò il baciamano di ciascheduno, con un tenero ed affettuoso abbraccio, e così l'uno appresso all'altro si dipartivano di fila da lui.

Come tali cose erano successe in Malta Don Garcia si riaccingeva a mettere in punto un altro corpo di Fanti in soccorso della medesima. Il che avvenne che non fosse considerato di necessità, dappoichè l'Armata Turchesca fu veduta alle alture della Sicilia, navigando alla volta di Levante. Frattanto egli con Quarantotto Galere partì per ritornare in questa Isola, ove giunse nel Sabato il 15 di Settembre. Salutato che fu di una salva di artiglieria, si sbarcò al ponte del castello S. Angelo, ricevuto dal Gran Maestro in persona, dal Consiglio e da tutti i Signori del soccorso. Un solo abbraccio valse a fare lagrimare i due venerandi personaggi, non che i circostanti ancora.—L'indomani che fu Domenica Don Garcia visitò le breccie e le lagrimevoli rovine operate dai Turchi. Ebbe stupore a considerare la miracolosa difesa sostenuta dagli impavidi assediati.

Nella medesima sera si partì da Malta con le Quarantotto Galere alla volta dell'Arcipelago all'oggetto di attraversare il passo all'Armata Nemica; ma infruttuoso riuscigli il disegno, imperocchè fu d'uopo che egli facesse ritorno in Messina, per causa di mancanza di vettovaglie, e dell'aspra stagione che s'innoltrava. Colle anzidette Galere erano qui venute le due, di St. Aubin, e di Cornisson, cariche ambe di provvigioni le quali servirono di assai a riconfortare i miseri assediati.

La Valette nel mattino della ora cennata Domenica, ordinò che si facesse sull'istante una processione in rendimento di grazie al misericordioso Dio, per la

Capitolo XV.

liberazione di Malta; ed allora il Capuccino Fra Roberto d'Evoli recitò una predica molto eloquente. Il giorno appresso che fu Lunedì, il Gran Maestro diè passaggio con tre Galere della Religione e con la sua *Padrona* altresì, ad Ascanio della Corgna il quale venne condotto in Messina; con esso lui partirono diversi dei principali Signori, ed Avventurieri verso i quali la liberalità di La Valette ebbe ad essere di assai ragguardevole, tale quale la fu sempre a chicchessia si fosse distinto.

Oramai lo stato delle nostre fortezze moveva ad orrore, oltre che gli edifici erano quasichè atterrati. Le munizioni delle quali la Sacra Religione si era entro lo spazio di trentacinque anni provveduta, erano pressochè ridotte al nulla. Tutto era consumato ed esaurito. Malta era forse per la metà della sua popolazione diminuita. Nove mila anime ne soccombettero. Ed i Turchi dall'altro canto pagarono un fio di Trenta mila uomini. Si sospettava, per questo esteso numero di cadaveri, che in Malta sarebbe a scoppiare la Peste. Nel Borgo le mosche concorrevano tanto, che l'uomo non trovava modo a ripararsene. Ed avvenne innoltre che i cani dissotterrassero i cadaveri.

Il Gran Maestro, avendo riconosciuto per rassegna la mortalità seguita, commise che per tre giorni continui si facessero solenni esequie nella Conventuale Chiesa di S. Lorenzo in suffragio delle anime di quei gloriosi e magnanimi guerrieri che sagrificarono la vita in cotesto Memorabile Assedio.

Le gloriose ceneri di molti sì fatti Eroi, giacciono nel Cimitero della Chiesa di S. Giovanni in sarcofago depositate. Quivi ogni anno ricorrendo la vigilia della Natività della Beatissima Vergine, si celebra l'anniversario funerale a suono di campane. Vi si canta il *Libera*, ed il Cimitero viene benedetto in un al sepolcro di La Valette, e la tomba di Melchiorre de Robles la quale è tuttora visibile nella Cappella di Alvergna ossia di S. Sebastiano. In cotesto Cimitero il Balio Fra Flaminio Balbiani, Priore di Messina, fe' erigere una piramide la quale presenta le sue armi non che varj trofei militari. Poi ciascuno dei quattro lati di questa, esibisce una iscrizione in latino che ricorda le famose gesta che coronarono la morte di tanti e tanti valorosi guerrieri, difensori e martiri dell'assediata e vittoriosa nostra Patria!

FINE.

BIOGRAFIA.

GIOVANNI DI LA VALETTE PARISOT o pure di Valette, della Lingua di Provenza, ebbe i suoi natali nel 1494 (1), da famiglia illustre del Quercy (2). All' età di venti anni aveva già preso l'abito degli Ospitalieri. Se abbandonava Rodi, Viterbo o Malta era per mettersi in corso contro gli Infedeli. Accorreva tra i primi al pericolo. In un incontro con un corsale di nome Abda-Racman Cusdagli, era caduto prigioniere, e trattato duramente. Riavutasene libertà, ascese alle primarie dignità dell'Ordine. Nella difesa di Tripoli di Barberia ne aveva assunto il comando, quandocchè tutti i Governatori di

(1) Altri vogliono nel 1495.
(2) Antico paesetto di Francia nella Guienna, in oggi forma la parte principale del Dipartimento del Lot, e di una porzione di quello del Tarn e della Garonna.

cotesta piazza ne avevano supplicato il ritiro. Richiamato in questa Isola fu successivamente nominato Balio di Lango, Gran Croce, Gran Priore di St. Gilles, e Tenente Generale delle Galere a capo delle quali nella spedizione di Zoara in Barberia si trovava già elevato. Aveva insin da questa epoca acquistato i più meritati dritti al glorioso titolo di padre de' Soldati. Cacciò i corsali; saccheggiò i loro stati; riempì questo Porto di molti bastimenti conquistati; ed **arricchì il Tesoro. Penetrò** sino alla imboccatura del Nilo, donde pigliò tre bastimenti carichi di grano, perchè Malta fosse sollevata nell' inopia. Avvenne intanto che Abda-Racman Cusdagli venisse soggiogato a La Valette, già schiavo di lui.

Nel 21 d'Agosto 1557 fu proclamato Gran Maestro, succedendo a Claudio de la Sangle, fondatore della Città di questo nome. Le prime sue cure si rivolsero al ristabilimento della disciplina già rilassata in modo speciale tra i Cavalieri di Alemagna e di Venezia, i quali si astenevano dal soddisfare le responsioni. Fe' rivedere l'iniquo processo del Maresciallo de Valier; riconobbe pubblicamente l'innocenza di costui; lo restituì negli onori, conferendogli il titolo di Balio di Lango. E volendo mostrare agli Infedeli che la prosperità non avrebbe ammollito il suo coraggio, formò, di concerto col Vice Re di Sicilia, il progetto di riconquistare Tripoli, di cui Dragut aveva fatto una piazza la meglio fortificata per tutta 'Africa. Cotesta città offriva ai Turchi gli stessi avvantgi che Malta va offrendo. Il Grande La Valette, dopo un mese di malattia, ed undici anni del suo magistero, vale a dire nel 21 Agosto del 1568 spirava in mano a Dio, giorno in cui correva l'anniversario della sua Elezione in Gran Maestro. I suoi avanzi mortali furono depositati nella Chiesuola del Castello St. Angelo; e quattro giorni appresso vennero rimossi alla Città Valetta, e sotterrati nella Chiesa di Nostra Signora della Vittoria, fondata da lui medesimo. La Città Valetta onorata del nome il più celebre, fu fondata nel 28 Marzo del 1566. Nella sua erezione furono impiegati Otto mila uomini, ed un anno bastò per l'innalzamento delle sue mura.

Gli Ospitalieri inconsolabili rimasero per la perdita di La Valette, uno de' più insigni che l'Ordine avesse offerto mai all'ammirazione della posterità. Dotato delle più alte qualità, queste brillavano vie maggiormente in seno al pericolo. Abile a prevedere, pronto a risolversi, era ardito, tanto nell'intrapresa che nella esecuzione. Caro essendogli stato il sangue del suo soldato, prima di arrischiarlo, avvertiva di prestarsi a qualunque consiglio. Così era amato da tutti. Il celebre Doge di Genova, Andrea Doria, serbava somma venerazione per lui. A cotanti vantaggi, riuniva un' aria franca e maniere tutte cavalleresche, e la sua generosità sorpassava la sua fortuna. Ed infine era riputato il primo guerriero del suo secolo, ed il più pio tra tutti i Cavalieri. Si racconta di lui che volendo egli riconoscere i servigi dalle famiglie di Rodi prestati all'Ordine nel 1565, ordinasse che la sua spada ed il suo cappello che aveva portati durante l'assedio fossero depositati nella Chiesuola del Borgo, la prima che i Greci avessero avuta nell'Isola di Malta.

Più tardi le sue gloriose spoglie furono esumate, e risepolte nel sotterraneo della Chiesa di S. Giovanni di Malta. Quando come degnissimo di memoria e fama eterna, fugli innalzato un monumento sepolcrale, sul quale s'incontra, oltre un erudito Epitaffio, un magnifico Tetrastico prodotto della penna di Frate Oliver Starquei, Cavaliere Inglese, e Luogotenente del Turcopiliere, e quindi Balio di Aquila. Cessato costui di vivere, dopo che ebbe prestati tanti utili servizi durante l'assedio, i suoi resti mortali furono condegnamente onorati di quasi che magistrale sepoltura, imperocchè anche essi giacciono in pace nel sotterraneo non lungi dai gloriosi avanzi del magnanimo Eroe La Valette.

CPSIA information can be obtained at www.ICGtesting.com
Printed in the USA
LVOW12s2108280514

387631LV00032B/2001/P